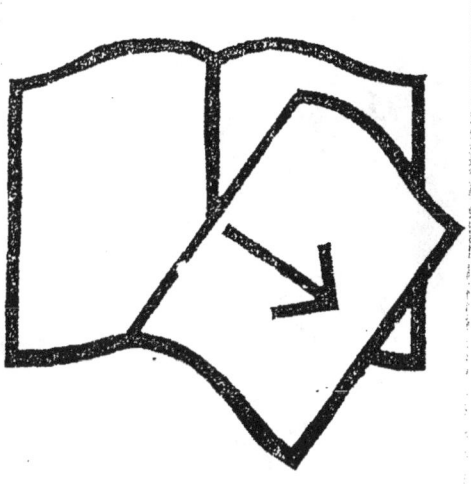

Couverture inférieure manquante

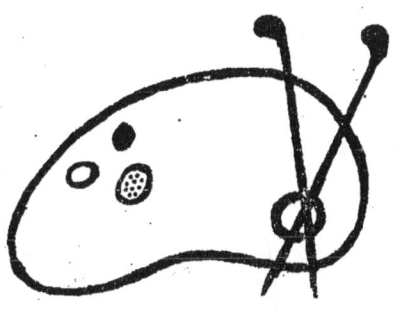

Original en couleur
NF Z 43-120-8

ARMAND SILVESTRE

NOUVELLES
GAUDRIOLES

Illustrations par Ch. CLÉRICE.

PARIS
A LA LIBRAIRIE ILLUSTRÉE
8, RUE SAINT-JOSEPH, 8

Tous droits réservés.

NOUVELLES
GAUDRIOLES

ÉMILE COLIN — IMPRIMERIE DE LAGNY

ARMAND SILVESTRE

NOUVELLES
GAUDRIOLES

PARIS
A LA LIBRAIRIE ILLUSTRÉE
8, RUE SAINT-JOSEPH, 8

Tous droits réservés

MIROUFLET

MIROUFLET

I

Une délicieuse après-midi, samedi dernier, au bois de Vincennes, par cet invraisemblable printemps qui délie, d'une main impatiente, l'âme prisonnière des sèves et met déjà une pointe d'améthyste pâle aux flèches d'émeraude des bourgeons de lilas, admirable bijoutier qui accroche aux verdures tendres et matinales de petits diamants de rosée. Et la citadine forêt était toute sillonnée de robes blanches reformant gracieusement, comme des fleurs qui se rouvrent, leurs plis transparents, au sortir des voitures bondées autour desquelles des messieurs en habit noir tendaient leurs mains gantées de blanc. Jour matrimonial entre tous, dans ce quartier laborieux, que le samedi. Toutes les noces de petits bourgeois s'y donnent rendez-vous dans la promenade suburbaine où saint Louis rendait la justice autrefois, faisant doucement percer la langue aux blasphémateurs, ce qui le rendit immédiatement populaire chez les Bérenger de son temps. Il faut voir les gardes du Bois, hommes d'ordre, très estimés du docteur ès morale Dide, condamnés, tous les autres jours de la semaine, à pourchasser des concubins, se rengorger, ce jour-là, dans l'épanouissement vertueux des justes noces et suivre, d'un œil paternel, les nouveaux époux impatients des fourrés silencieux au feuillage encore indiscret. Vêtus en académiciens, portant en bandoulière, sur une plaque de cuivre, sans doute le numéro de leur fauteuil, ou en perroquets ayant traversé la Seine à hauteur du Jardin des Plantes, ils exultent dans ce parfum de vertu mêlé à l'arome déjà ralenti des violettes, souriant aux couples légitimes, saluant les cocus de l'avenir, se gonflant de colère nouvelle contre les polissons qui profaneront, le lendemain, ce bocage municipal sans que le maire leur en eût donné le droit.

De tous les mariés de ce dernier samedi que couvait la sollicitude de nos bons serviteurs de la loi, M. Mirouflet semblait certainement le plus heureux, ayant uni son sort, quelques heures auparavant, à celui de demoiselle Léontine Briscard, faite, en tous points, suivant ses aspirations plastiques et ses visées psychiques de tranquille citoyen. Ah! l'institution du mariage lui devait bien une revanche. Il avait été marié une première fois avec une demoiselle Noémie Pistache qui lui en avait fait voir de grises. Mais enfin avait-elle fichu le camp, plus de cinq ans déjà passés, avec un baryton, et avait-elle fait partie d'un naufrage où toute une troupe de chanteurs avait été dévorée par des requins en vue des côtes d'Amérique. M. Mirouflet avait eu la franchise de ne la pas pleurer. Il s'était même fait mettre à la porte d'un café où il s'était mis à danser une gigue d'allégresse, pendant qu'un consommateur achevait, d'une voix émue, la lecture à haute voix, dans le journal, de ce formidable accident. Léontine lui plaisait déjà infiniment, mais aucun acte de décès n'avait pu être dressé des victimes de cette pénible catastrophe, il avait dû attendre pour convoler à nouveau. Et bien lui en avait pris. Car, dans cet intervalle, sa situation pécuniaire s'était de beaucoup améliorée. Il avait hérité d'un oncle depuis longtemps éloigné de France et décédé à Valparaiso en lui laissant un bien considérable. A vrai dire, il n'était pas entré légalement encore en possession de cette succession soumise à un nombre infini de formalités internationales. Mais il avait trouvé, sans difficulté aucune, des fesse-mathieux qui lui avaient avancé tout ce qu'il avait voulu moyennant des intérêts scandaleux.

Et ce jour-là, après le repas de noces, dans le bois de Vincennes, en regardant folâtrer comme une enfant, dans sa virginale toilette, celle qui était, depuis midi, madame Mirouflet et le serait, après minuit, bien davantage encore ; en supputant, comme un avare, les charmes dodus dont le trésor lui serait compté dans la nuit à venir, non plus seulement aimables à regarder de loin, mais accessibles aux délices du toucher : nénés rondelets et soulevant, d'une pointe visible à peine, le satin du corsage, hanches abondantes tendant l'étoffe brillante sur la plénitude savoureuse des contours, assises confortables, dont il serait si doux bientôt d'être le président, Mirouflet se disait qu'il était un heureux gaillard et que ce bonheur honnête, il avait la conscience de l'avoir mérité. N'avait-il pas été un commerçant probe, un électeur assidu, un réserviste zélé ? Il n'avait, à vrai dire, qu'un remords dans sa vie. Et quel remords ! Un souvenir de sa vie de garçon. Ça, par exemple, il avait salement agi, en faisant cocu un homme qui jouissait justement de l'estime de tout le quartier, le facteur Pécasié, un des agents les plus estimés de ses supérieurs dans le service des postes. Il est des gens qu'il est particulièrement lâche de tromper chez eux, parce qu'ils n'y peuvent rentrer à certaines heures, absorbés qu'ils sont par un service public. Sûr de l'impunité, l'adultère, dans de pareilles conditions, est affreusement lâche. Abuser de ce qu'une victime de l'administration que le Sénégal nous envie s'use les pieds sur un pavé mal entretenu, à porter à ses contemporains leur correspondance, pour s'aller coucher dans son lit avec sa femme, c'est tout simplement très bas ! L'oiseau nommé coucou donne à nos godelureaux un exemple de discrétion en se contentant d'y aller pondre. Je sais des maris qui ne se fâchent pas du tout, quand ils trouvent, en rentrant chez eux, des œufs frais. Notez que moi, personnellement, je n'ai pas le fanatisme du facteur. Je dirai même que cet animal périodique empoisonne ma vie en m'apportant un tas de paperasses timbrées qui se partagent dans la proportion suivante, d'après mes derniers travaux : lettres ayant pour objet de vous rendre un service, 1/2 0/0, et lettres ayant pour objet de vous en demander un, 99 1/2 0/0. C'est donc très avantageux de recevoir régulièrement ses lettres. Les facteurs sont nos plus grands ennemis ; mais ils n'en ont pas moins droit, comme les autres citoyens, à la fidélité de leurs épouses, et tous les sophismes du monde n'auraient pas empêché l'heureux Mirouflet, une âme honnête au fond, de convenir qu'il s'était conduit, avec le facteur Pécasié, comme un vrai cochon.

Mais il était évident, par sa prospérité même, que Dieu lui avait pardonné.

II

La suivrons-nous jusque dans la chambre nuptiale où, comme un jeune chevreau blanc qui vient de traverser une haie fleurie, Léontine va secouer, de sa jolie tête, la neige des fleurs d'oranger, — image qui ne saurait paraître licencieuse qu'aux dépravés de la Ligue, — où l'innocente épousée tremble devant l'inconnu des caresses à venir comme le jeune alcyon qui, pour la première fois, ouvre son aile au grand souffle de la mer (et celle-là donc!), où le mystère des enfantements futurs sourd dans le frisson léger des rideaux, comme une source sous l'or frissonnant des sables ? Eh ! pourquoi pas ? Je suis comme les gardes du bois de Vincennes, moi. Le mariage purifie tout. Ce qui serait de la pure débauche entre illégitimes amants devient accomplissement résigné d'un devoir agréable, ce qui prouve surabondamment que la nature ne compte pour rien ici-bas et que la loi est tout. Léontine est charmante à visiter d'ailleurs dans son déshabillé pudique de fiancée *in extremis*, de demoiselle dont la vertu agonise. Ah ! tenez ! c'est même trop bien pour ce vieux noceur de Mirouflet qui a déshonoré autrefois l'administration des postes et télégraphes et brûlé l'encens de sa seconde jeunesse aux pieds de l'infidèle Noémie Pistache. Pour le vieux drôle, ces chairs délicieusement frémissantes et ce trouble charmant de Diane attendant Actéon pour lui faire pousser du bois, image mythologique qui est pour moi celle des jeunes épousées en cette posture ! Pour un simple Mirouflet, ce repas des dieux servi sur une table de marbre vivant, arrosé du vin céleste des baisers dont la vendange se fait aux lèvres, accompagné par le chœur des désirs, enfants des faunes d'antan !

Eh bien ! non, ça ne sera pas pour lui... au moins cette nuit-là !

Le voilà qui bondit, dans la chambre nuptiale, en chemise de soie ridicule et en bonnet de coton anglais de nuance délicate, en poussant des : « Ah ! mon Dieu ! » des « Nom de Dieu ! » des « Sacredieu ! » et brandissant dans sa main crispée deux papiers que sa colère avait froissés.

Violemment il les jette à terre, en blasphémant. Mon amour, enfourchons le rayon de lune qui précisément pénètre entre les rideaux et vient poser une coulée d'argent sur ces débris de littérature. A sa clarté, nous lirons les deux lettres qui avaient mis le malheureux Mirouflet dans ce lamentable état.

La première était ainsi conçue :

« Mon cher Gaspard, voilà bien longtemps que tu n'as eu de mes nouvelles et, malgré mes torts à ton endroit, j'espère que tu as pensé à moi quelquefois et que tu pardonneras à mon sincère repentir. Je serai près de toi dans quelques jours, le temps de me reposer après une rude traversée.

» Ta Noémie. »

Et sur l'enveloppe le timbre d'arrivée, le timbre de la veille, s'il vous plaît.

A l'autre maintenant :

« Mon cher neveu, la fortune, qui m'avait souri d'abord, m'a trahi absolument depuis. Je sais que tu n'es pas riche, mais, si peu que tu puisses m'envoyer par le retour du courrier, tu obligeras joliment

» Ton oncle pour la vie,
» Onésime Mirouflet. »

Précisément l'oncle d'Amérique qui était censé mort à Valparaiso.

Même remarque pour le timbre d'arrivée.

Mirouflet, le vrai Mirouflet, le Mirouflet marié du matin, que nous avons vu si joyeux au bois de Vincennes, vient de découvrir qu'il n'a jamais été veuf et qu'il doit cent mille francs à des usuriers ! La douce Léontine a toutes les peines du monde à lui arracher le pistolet dont il se veut brûler la cervelle et le poursuit dans la chambre, échevelée, la chemise au vent, montrant d'adorables choses au rayon de lune. . . . .

Simple châtiment du crime d'autrefois. Le facteur Pécasié avait connu son déshonneur et l'auteur lui en avait été révélé. Au lieu de lui briser sa boîte sur le crâne, ce qui eût compromis la correspondance de clients innocents, il avait médité et calculé la froide vengeance que voici. Depuis six ans, il soustrayait toutes les lettres adressées à Mirouflet et venant de l'étranger où le facteur savait que celui-ci avait des intérêts. Or Pécasié avait rendu, la veille, sa belle âme de bourreau des citoyens tranquilles, et ses héritiers, trouvant dans un tiroir le paquet de lettres non distribuées, l'avaient tout simplement mis à la poste du jour, si bien que les deux lettres reçues le jour même par Mirouflet étaient antérieures toutes les deux au décès parfaitement réel de sa femme et de son oncle, — histoire ancienne que ressuscitait une fantaisie du hasard ! Ainsi, quand tout se fut expliqué, en fut-il quitte pour la peur.

FEUX FOLLETS

FEUX FOLLETS

I

Chacun prend son plaisir où il le trouve.

Sur le ton du triomphe, les journaux ont reproduit une note émanant de la Comédie-Française et apprenant *urbi et orbi* que la plus forte recette du mois de février avait été réalisée par *Cabotins!* et la plus faible, presque ridicule, par *Bérénice*. Attrape, doux Racine, et expie les hypocrites hommages que te valent les anniversaires! Je suis convaincu que M. Pailleron, qui a beaucoup d'esprit, pense absolument, comme moi, qu'on ne pouvait faire, au public de la maison, un compliment plus sot. Je n'en prends pas ma part et je tiens pour *Bérénice* et pour l'admirable mademoiselle Bartet. Et ce n'est pas ça qui m'empêchera de lui dire :

> S'il est un rôle exquis et touchant, où s'unisse
> Le charme à la douleur, la grâce à la fierté,
> Et qui semble pour vous par Racine inventé,
> Madame, c'est celui qui vous fit Bérénice.
>
> « Que le jour recommence ou que le jour finisse »,
> N'ayant deuil et regrets que de votre beauté,
> S'il eût vu, sous vos traits, l'objet par lui quitté,
> Titus eût sûrement rappelé Bérénice !
>
> — Il n'est crime d'amour que l'amour ne punisse. —
> Que son appel, par vous, ne fût pas écouté,
> D'un cœur vraiment épris sublime lâcheté,
> Titus dans son exil eût suivi Bérénice !

. . . .

II

Mais si je demeurais dans cet ordre d'impressions congrues, le seul où j'aime, au fond, à laisser évoluer ma pensée, le vénérable M. Dide croirait que je rends les armes devant l'éclat nouveau dont il vient de faire resplendir la Ligue vertueuse dont il demeure le représentant le plus autorisé et que je fais amende honorable. Ce ne serait fichtre pas le moment. N'eussé-je pas la moindre envie de rire, je ne m'en croirais pas moins tenu de chercher quelque conte joyeux pour faire la nique à sa récente béjaune, comme on disait au temps de Rabelais. Je recommence donc, résolu à mourir dans l'impénitence finale, et je reprends, où je l'avais laissé, mon embryon de récit.

Chacun prend son plaisir où il le trouve.

Celui du docteur Monistrol consistait à réduire à leur expression scientifique tous les phénomènes de la nature que leur long mystère a enveloppés de la plus respectable poésie. Il vous avait la formule de tout ce qui nous enchante dans le spectacle obscur et merveilleux des choses dont, seuls, les ignorants jouissent vraiment. Il empêchait de danser en rond jusqu'aux étoiles qui le font cependant depuis l'éternité. Contempliez-vous, autour de la lune, ce nimbe légèrement teinté qui l'auréole par certaines nuits et vous perdiez-vous en hypothèses ingénieuses sur les possibilités psychiques d'une buée de larmes indiquant l'immense pitié de cet astre bienveillant pour nous, ou d'un voile qu'il soulève autour de son front d'argent pour nous mieux sourire, notre damné Monistrol éprouvait le besoin de vous raconter que, d'après les travaux d'ailleurs admirables de Bravais, cette transparente couronne résultait tout simplement du passage et de la décomposition de la lumière de la lune par une infinité de cristaux imperceptibles de glace flottant en nuée dans l'atmosphère. Et c'en était pour jamais fini de rêver devant ce miracle déshonoré.

Ce soir-là, Madame... — je la veux appeler Amélie, comme autrefois — et moi, étions restés longtemps au bord de l'étang qui rêvait, impunément, lui, derrière les grands joncs, dans la familiale propriété où je consacrais mes vacances à lui faire la cour, épris juvénilement de cette trentenaire aux charmes dodus, romanesque personne dont le mari était aussi positif que le docteur Monistrol, mais infiniment moins savant. Elle se laissait faire, la grosse bête, et semblait goûter un vrai plaisir à mes madrigaleux propos. Ce soir-là, j'avais été relativement audacieux, posant sournoisement mes lèvres sur la toison d'or de sa nuque, tout en lui disant des paroles d'amour, frôlant de mille maladresses volontaires ses formes exubérantes, en d'hypocrites contacts qui me mettaient le feu aux moelles. Et les grands nénuphars seuls, chers au pasteur Dide, souriaient béatement de ma bêtise, dans leur chaste et épaisse collerette blanche engoncés comme des moines, cependant que les dernières bergeronnettes rasaient l'eau d'une égratignure d'aile, en se moquant de moi, et que les grands joncs sifflaient vaguement, comme si l'âme railleuse de Pan, dans leurs flûtes naturelles, se fût tout doucement promenée.

Tout à coup Amélie me montra, du joli bout rose de son doigt potelé, de petits bouquets de vapeurs blanches qui montaient de la surface dormante de l'eau. On eût dit de légers flocons de fumée ou de tout petits nuages qui se fondaient aussitôt dans la tiédeur de l'atmosphère.

Superstitieuse, elle se signa.

— Vous avez mal vu, mon amour, lui dis-je pour la rassurer, tout en ayant aussi bien vu qu'elle.

Quelque étoile, sans doute, dont l'image scintillante vous aura donné cette illusion.

Mais bientôt une seconde lueur, pareille à la première, s'alluma et se mit à courir sur le flot immobile pour s'évanouir de même ; puis d'autres qui rayèrent en différents sens l'uniforme largeur du petit lac. Nous étions si émus, l'un et l'autre, que nous n'osions plus parler. Le bruit des roseaux, que les premiers souffles de la nuit emplissaient de frissons, nous parut accompagner, comme une musique surnaturelle, la danse de ces esprits mystérieux.

— De pauvres âmes pour qui l'on aura oublié de prier ! fit Amélie en murmurant un *Ave*.

Et quand elle eut refermé à grand'peine, sur ses belles épaules grasses, un dernier signe de croix, nous entrâmes à la maison où le docteur Monistrol flanquait une pile aux dominos au mari d'Amélie.

Très émue, Amélie l'interrompit sur un magnifique double-six qu'il venait de poser. Le docteur jura, mais se radoucit rapidement, dès qu'il sut qu'on allait avoir recours à sa science.

Une heure après, nous savions, comme lui, que nous avions assisté à des feux grégeois naturels, que le feu grégeois remontait à la plus haute antiquité, que les Grecs l'appelaient feu *mède*, qu'en 673 le calife Moawiah l'avait employé au siège de Byzance, que le sire de Joinville en a beaucoup parlé dans ses chroniques, que sa composition, donnée pour la première dans le *Livre de la Canonnerye* publié à Paris en 1561, est exactement celle du phosphore de calcium dont la formule chimique est CaP et qui s'enflamme spontanément au contact de l'eau. Ouf! Ah! nous étions loin des pauvres âmes en détresse demandant des prières aux amoureux compatissants! loin des esprits inquiets retrouvant des corps transparents pour danser sur l'eau, au clair de lune, pendant que les grillons, amis des spectres, font sonner leurs élytres dans l'épaisseur des gazons où se sont refermées les marguerites.

— Je vous en préparerai demain, du phosphore de calcium, et je ferai devant vous l'expérience, conclut le facond Monistrol, pendant que le mari d'Amélie s'était endormi, ce qui me permettait mille intimités silencieuses avec les cuisses copieuses de celle-ci.

III

Le lendemain, le docteur Monistrol ne parut pas de la matinée et arriva même tard au déjeuner où, d'ordinaire, il était le premier assis. Les savants, dont l'état est de polluer tous les mystères, me font toujours rire quand ils prennent eux-mêmes des airs mystérieux. Pour rien au monde, Monistrol n'aurait voulu qu'on le vît préparer ses surprises. De laboratoire, il n'y en avait pas dans la familiale maison. Tantôt dans un coin, tantôt dans un autre, il faisait l'alchimiste, à moins que, comme cette fois-ci, il n'opérât en plein air derrière quelque bouquet d'arbres qui le cachait à tous les regards. C'était, pour la pudeur scientifique, un être comparable à l'éléphant. Il lui fallait, pour enfanter (j'allais dire éléphanter), la solitude. Sa petite drogue préparée, il la fourrait dans une cachette — cette fois-là au pied d'un arbre, sous une petite botte d'herbe bien sèche, pas loin de l'étang. Et il attendait la nuit pour reproduire artificiellement devant nous ces feux grégeois qui nous avaient épouvantés la veille, Amélie et moi, autant que ceux des Sarrasins, les soldats de la première croisade.

Ah! l'adorable nuit d'été et qui m'eût été autrement douce, dans le radieux paysage traversé de fraîcheurs délicieuses et d'obscurités charmantes, si, comme la veille encore, Amélie et moi nous y fussions trouvés seuls! J'ai toujours été, en amour, comme le docteur Monistrol en science, extrêmement gêné par le public. Vous ne sauriez croire combien, aujourd'hui encore, la présence d'un quidam même indifférent me trouble pour les choses de la tendresse. J'y renoncerai certainement le jour où il me faudra, pour y réussir, l'excitation d'une musique militaire. O lointaine, mais non pas oubliée Amélie, comme ils m'embêtaient, ce soir-là, ces deux témoins d'un désir dont ma timidité naturelle ne suffisait d'ailleurs que trop déjà à contenir l'expression! Enfin votre mari s'éloigna, d'un air détaché de tout, cependant que le docteur Monistrol visait un astre du bout de sa canne télescopique. Insinueusement, je me rapprochai de vous, s'il vous en souvient, et vous deviez sentir la tiédeur de mon souffle sur la toison d'or de votre nuque, quand retentit ce cri épouvantable qui vous fit évanouir. En même temps, une lueur éclairait le dessous des feuillées, et un petit nuage de fumée phosphorescente montait du pied d'un chêne, et votre mari s'enfuyait en criant comme un brûlé. Le malheureux avait été mouiller, sans s'en douter, le redoutable produit préparé par Monistrol et qui, suivant le programme de celui-ci, s'était enflammé spontanément au contact de l'eau.

Les savants sont naturellement cruels. Furieux de n'avoir pu faire son expérience, Monistrol fit accroire à l'époux d'Amélie qu'il était atteint d'une maladie épouvantable, le diabète détonant, et le malheureux mourut de peur, un mois après, n'osant plus mouiller quoi que ce soit. Mais j'étais trop jeune alors pour profiter de son trépas en épousant Amélie.

ENTRÉE TRIOMPHALE

ENTRÉE TRIOMPHALE

I

— Et tu plaides décidément en divorce? demandai-je tristement à mon ami Lavessière, tout en prenant, à la même table que lui, un apéritif chez Gillet à la porte du Bois.

— Certes, me répondit-il en humant une émeraude liquide, dans son verre.

Je lui fis, comme j'ai accoutumé, en ces circonstances, une fort belle morale, l'engageant à la mansuétude et au pardon. Ce n'est pas être en mauvaise compagnie, d'abord, qu'être cocu. C'est même, pour le plus grand nombre, la seule façon de ressembler à Molière et à Napoléon. Et puis, ce scandale des plaidoiries est comme la consécration de ce sacrement de cocuage que les gens distingués aiment à recevoir en secret. Pourquoi, ensuite, avait-il épousé une aussi jolie femme ? Que diable! il faut savoir supporter les inconvénients des choses dont on a accepté les avantages. Et bien d'autres raisons encore qui devraient résigner au silence ceux que leurs femmes ont trahis.

— C'est que tu ne sais pas, me dit Lavessière, dans quelle circonstance horriblement ridicule je connus mon malheur. L'injure en fut telle que je n'en puis supporter encore le souvenir sans un frisson de colère. Certes, d'autres que moi ont été trompés ; mais pas un, Ménélas lui-même, dans des circonstances aussi froissantes pour leur amour-propre. Ah! tiens! ce n'est pas loin d'ici que ça se passa. Quand je vois ce monument...

Et, en grinçant des dents, Lavessière me montrait l'Arc de Triomphe.

— Tu regrettes les chevaux de Falguière au sommet ? lui répondis-je avec une grande tranquillité. Moi aussi.

— Ah! ne plaisante pas! je te dis que c'est effroyable.

— Conte-le-moi, que j'en sois convaincu et que je partage ton indignation.

— Oui, mais tout bas ; il me semble toujours reconnaître, dans les personnes qui m'entourent, des témoins de mon fantastique déshonneur.

Et nous nous retirâmes dans un petit bosquet de lilas dont les flèches de verdure naissante emprisonnaient l'âme embaumée des fleurs à venir, pour rappeler un vers exquis de Paul Arène. Un souffle printanier courait dans l'air et les moineaux piaillaient dans les petites baignoires de sable où ils font leur saison sous le premier rayon de soleil, le ventre à terre et les ailes frémissantes. Un vague arome de narcisses, de coucous, de giroflées, de jonquilles et d'anémones flottait de temps en temps, indiquant le passage d'un de ces jardins ambulants où les amoureux de Paris achètent les premiers bouquets pour leurs jeunes amies.

II

— Tu te rappelles le cirque Cascarini ? me demanda en commençant Lavessière.

— Parbleu ! et la belle madame Cascarini, dont tu étais si fort amoureux, quand nous étions tous les deux à Toulouse où le cirque triomphait au Pré-Catelan.

— Tout mon malheur est venu de là.

— Comment ! mais tu t'es marié, puisque tu es cocu ?

— Sans doute, mais je n'avais pas oublié cette délicieuse créature qui, d'ailleurs, ne m'avait rien accordé que des sourires. Car les femmes de cirque sont généralement, et au contraire de l'opinion du populaire, des dragons de vertu. Tu te rappelles aussi le pas de deux qu'elle exécutait, au bras de son mari, sur deux chevaux dressés en liberté, deux chevaux isabelle aux admirables crinières ? Il était debout sur les deux bêtes, à l'instar d'un colosse de Rhodes, et sa femme pirouettait délicieusement de ses cuisses à ses épaules. Tu vois encore cela d'ici ?

— Parfaitement. Ces deux bêtes faisaient aussi mon admiration.

— Quand je changeai de garnison, le cirque, par une curieuse coïncidence, m'avait précédé à Poitiers de quelques jours. Mais combien déchu de son éclat ! Il paraît que le pauvre Cascarini avait mal placé son argent. Il était ruiné et c'était un spectacle misérable que celui de ces pauvres gens se débattant contre la déchéance irrévocable. Le spectacle ayant perdu de sa beauté, le public, qui n'est pas sentimental ni chevaleresque, ne venait plus. Le malheureux directeur vendait toute son écurie. En souvenir affectueux de madame Cascarini, j'achetai un de ces superbes chevaux isabelle sur lesquels elle avait dansé, Mustapha, l'autre s'appelant Tamerlan. Je le fis admettre au régiment et je prenais un plaisir mélancolique à le monter, en pensant à la radieuse vision d'autrefois. C'est alors que, pour mieux oublier, je me mariai. Une femme charmante, comme tu l'as dit, aimant le monde, et qui n'eut pas de repos que je n'eusse obtenu, par ses propres intrigues, un poste au ministère de la guerre, à Paris. Moi qui adorais la vie active de l'officier et le bien-être provincial que nous avons savouré ensemble ! Mon existence tout entière se composa de tout ce qui était contraire à mes goûts.

Je me levais tard, parce que nous avions passé la nuit au bal. Nous mangions dans les restaurants à la mode, moi qui n'aime que le fricot familial ! Mais le moyen de résister aux caprices d'une femme délicieuse et qu'on adore ? Je souffrais aussi quelque peu de la jalousie. Madame Lavessière était sensiblement coquette et encourageante aux hommages des godelureaux. Je croyais encore à sa vertu, mais trouvais ce manège d'autant plus désagréable que, dans cette hypothèse, il était illogique. Triple fichue bête ! je plaignais ces soupirants qu'elle abusait en reculant leurs espérances : un surtout, le substitut Mouillette qui en paraissait plus particulièrement épris et qu'elle semblait railler d'une exceptionnelle façon. Il vous avait, ce sacré Mouillette, des airs de langueur qui m'inspiraient une pitié profonde. Ma seule consolation était Mustapha sur le dos de qui je faisais, tous les jours, ma promenade au Bois, après le bureau, Mustapha un peu vieilli, mais ayant encore de l'allure et toujours sa superbe crinière ondoyante d'or rose. Nous allions de compagnie jusqu'à Madrid ou Suresnes, où je prenais mélancoliquement un verre de malaga, pendant que ma femme épuisait, à Paris, le nombre formidable de visites qu'elle m'annonçait chaque jour à déjeuner.

III

Ce jour-là, — c'est toujours Lavessière qui parle, — il faisait un temps superbe et jamais le Bois n'avait été plus animé. Dans une allée moins fréquentée que les autres, non pas une allée de cavaliers, cependant, je m'en allais au petit trot, dans l'odeur des frondaisons, quand un fiacre s'y engagea, dont les stores baissés et le cheval curieux attirèrent, de loin encore, mon attention. Ce cheval était précisément de la même couleur que Mustapha, mais dans un état positivement misérable, les côtes en cerceau, les genoux en X, la queue épluchée, le cou décharné, penchant sous le poids d'une tête cependant amaigrie. Et néanmoins Mustapha hennit en le voyant.

O sort différent de deux bêtes qu'avait longtemps réunies la destinée! Dans ce spectre il reconnaissait certainement son ancien camarade d'écurie au cirque Cascarini, son compagnon dans les exercices du pas de deux de ses patrons, l'infortuné Tamerlan qui finissait ses jours entre les brancards saignants d'un informe locati! Moi-même, malgré l'horreur douloureuse d'une telle découverte pour un ami des animaux, je ne m'y pouvais tromper. Il n'y avait pas, en France, deux chevaux dont la robe fût aussi exactement pareille. Malgré moi, Mustapha marchait droit vers son ancien ami et bientôt je me trouvai tout à côté du fiacre dont les stores demeuraient clos, d'un vert opaque comme les yeux d'un chat mort.

La fatalité voulut que la musique d'un régiment qui revenait de la promenade militaire retentît juste à ce moment. Mustapha, se croyant certainement revenu dans le cirque, se colla, malgré mes efforts, le long du brancard, parallèlement à Tamerlan, marchant d'un mouvement égal et symétrique, levant les mêmes jambes en même temps. Mes éperons et les coups de fouet du cocher en vain le voulaient détourner de ce souvenir malséant et c'était déjà assez grotesque de me voir monter la garde, à cheval, en avant d'un fiacre où, vraisemblablement, la morale était outragée.

Quand je vis que tous nos efforts étaient vains et que Mustapha ne quitterait sa place que quand il croirait son exercice avec Tamerlan fini, je compris que le mieux était de lui donner l'illusion complète de cet exercice. Demeuré agile et me rappelant ma belle éducation équestre de Saumur, comme M. Cascarini en personne, je sautai à genoux sur le dos de mon coursier, puis je me levai, je mis un de mes pieds sur Tamerlan et je fis, à mon tour, mon petit colosse de Rhodes. C'était infiniment plus grotesque encore, mais au moins ça durerait moins longtemps. Et le régiment continuait à remplir l'air de l'haleine de ses cuivres et du roulement de ses tambours.

Nous descendions ainsi bride abattue, — le pauvre Tamerlan recevant une indigne raclée de son cocher, — très regardés et très commentés par la foule, l'avenue de la Grande-Armée à travers une flottille terrestre de vélocipèdes curieux, ma pensée étant qu'on trouverait moins de monde là qu'au bois de Boulogne. Toutes les fatalités étaient contre moi ce jour-là. On avait enlevé, pour les nettoyer, les chaînes reliant entre elles les bornes qui entourent l'Arc de Triomphe. Tamerlan, Mustapha, le cocher, le fiacre et moi, lancés à toute volée, nous passâmes sous l'Arc, au milieu des applaudissements ironiques des bourgeois. Juste au-dessous le courant d'air me décoiffa de mon chapeau. Ouf! la série ordinaire de l'exercice équestre auquel Tamerlan et Mustapha étaient habitués était achevée. Les deux bêtes essoufflées s'arrêtèrent net dans un véritable brouillard. Complètement affolés, les voyageurs du fiacre levèrent enfin les stores. C'était ma femme et le substitut Mouillette! On crevait de rire, tout autour, de notre mine à tous les trois. Tu dis qu'il y a beaucoup d'autres cocus que moi. Mais trouve-m'en un seul qui, monté sur deux chevaux, ait fait passer triomphalement sa femme et l'amant de celle-ci sous un monument historique, et je renonce à mon action en divorce.

Ne trouvant rien à répondre à Lavessière, je demandai une seconde consommation.

LE BAROMÈTRE

LE BAROMÈTRE

A Paul Arène, de retour.

I

Quand je pense, mon cher Paul, que j'ai causé — bien innocemment, par exemple — la mort de mon excellent oncle Piédeloup, je me sens pris d'un remords rétrospectif, qui empoisonne jusqu'au souvenir des plus pures joies de ma jeunesse. Car ce fut mon premier crime et, de plus, le seul assassinat que j'aie commis de ma vie. Et quel brave homme cependant que mon digne oncle Piédeloup ! et n'ayant que deux passions au monde : la pêche à la ligne et son baromètre. Il ne serait jamais parti pour celle-ci sans avoir consulté celui-là. Mais, une fois que celui-là avait parlé, rien n'eût pu troubler sa confiance dans la clémence des éléments. C'est que certains poissons ne se prennent que pendant certains temps. Ah ! les mœurs des poissons (je n'entends parler que de ceux d'eau douce), quelle étude admirable, et que de jolies choses mes observations personnelles me permettraient de vous conter à ce sujet !

Tenez ! je prends pour exemple ceux qui fréquentent nos rivières de banlieue, partout où le glorieux principe du tout à l'égout ne fait pas couler des Pactoles odorants et meurtriers. Savez-vous ce qui constitue le faubourg Saint-Germain de nos rivières à demi citadines ? Les perches, messieurs. Vous les trouverez toujours le long des propriétés aristocratiques. Elles adorent ce qu'on est convenu d'appeler la grande vie. Jalouses à l'excès de leurs privilèges méconnus aujourd'hui par un tas de poissons blancs sans naissance et sans aveu, elles ne manquent pas de se hérisser dès qu'on les chagrine et de revêtir, comme feu saint Georges, une véritable armure. Ces nobles animaux ne se laissent qu'à regret pêcher par des manants et par des rustres. Vous les verrez fréquenter de préférence la ligne qu'une élégante riveraine tient dédaigneusement du bout de ses doigts gantés de suède. D'ailleurs, je suis absolument de leur avis. Être pipé par la beauté est certainement la plus douce occupation de l'existence.

De même, auprès de la perche, qui est essentiellement monarchique, — monarchique au point d'avoir intrigué dans les cuisines de notre dernier roi pour être mangée comme la carpe, à la Chambord, — vous avez un poisson tout aussi fougueusement conservateur. Mais non plus avec le même chic, avec la même distinction : un simple centre-gaucher, le bourgeois des fleuves. Vous avez déjà tous reconnu le gardon. Avec ses écailles blanches et luisantes comme des pièces de quatre sous, celui-ci représente l'aristocratie de l'argent, la plus impertinente de toutes. Il porte des nageoires rouges pour faire croire qu'il est décoré. Il l'est d'ailleurs souvent, aux changements de cabinets aquatiques. Car les ministres ont aussi leurs protégés dans la république des eaux. Le gardon serait moins fier d'ailleurs, s'il se rappelait mieux les origines douteuses de sa fortune. Je me suis laissé conter, par une carpe bavarde comme une pie, que ses aïeux s'étaient enrichis en prêtant à la petite semaine à ces pauvres bohèmes de goujons des vers ayant déjà servi, et aux ablettes dans la débine des mouches tuées par l'haleine indiscrète d'huissiers indélicats. Car, pour peu que vous ayez pénétré, en votre paillarde jeunesse, chez ces marchands de protêts, vous avez remarqué qu'aucune mouche n'y bat aux vitres silencieuses.

Ah ! l'ablette et le goujon ! voilà mes vrais amis dans ce petit monde des fritures vivantes encore dont la compagnie me plaisait tant, alors que je n'étais qu'un tranquille nautonier, pasteur de norvégiennes aux museaux pointus comme ceux des tanches et caressant de leur ventre susurrant les lances courbées des roseaux, quand je cueillais, au risque de me ficher à l'eau, des beaux nénuphars aux yeux d'or pour mes bonnes amies ! Allez voir *Cabotins* à la Comédie-Française ! Les artistes de M. Pailleron, simples sosies des étudiants de Mürger, vous initieront aux gaietés un peu surannées de ces Rodolphes de fleuve et de ces Mimis de rivière que sont le goujon et l'ablette, échappés visiblement aussi d'une page mouillée de larmes de la *Dame aux Camélias;* car on les voit gourmandés sans cesse par le chevesne, une façon de père Duval qui ne manque pas un article de Brunetière. Celui-là, je ne peux pas le sentir ; mais j'adore le goujon avec son habit taché et sa petite casquette noire, et j'adore l'ablette avec sa parure de fausses perles et ses façons évaporées. C'est au point que si Pythagore dont la table, à l'École polytechnique, n'avait pas de secret pour moi, n'a pas affreusement blagué en nous promettant les joies sereines et posthumes de la métempsycose, et que celle-ci me transforme en poisson d'eau douce, — distinction à laquelle j'ai droit — c'est dans la société de ces épicuriennes bêtes que j'entends vivre. Les ablettes ont bien les mœurs qu'il me faut. Quelle noce je ferai là-bas dans leur compagnie, aussitôt que j'y aurai retrouvé mes vingt ans ! Nous ne quitterons ni les caboulots ni les bastringues ! Et si jamais je suis mangé par quelque homme trop raisonnable, par quelqu'un de ces chattemiteux endiablés de morale qui refusent aux jeunes gens le droit de rire et de faire l'amour, je lui flanquerai de telles coliques qu'il en exhalera une âme empuantée de Pandectes indigérées et de discours académiques rancis!

Mais que me voilà loin de mon excellent oncle Piédeloup qui m'a donné ce goût d'étudier, dans ses moindres caprices, la psychologie des poissons, et a fait de moi le Bourget de la pêche à la ligne !

II

J'y reviens. Donc, autant que ses engins aquatiques, ce brave homme adorait son baromètre, un baromètre à cadran du plus antique modèle, que je vois encore suspendu dans son cabinet de travail, à la place d'honneur, au-dessus de l'œillet d'or que lui avaient autrefois dévolu les Jeux floraux, en ma chère cité toulousaine, et qu'un globe de verre défendait des injures des mouches, éternelles ennemies des poètes. Tous les matins, dans sa grande robe de chambre de flanelle aux tons anémiés, il n'était pas plutôt descendu que, d'un doigt caressant, il faisait toc toc au cadre de bois doré où s'enroulaient des queux de chimères. L'aiguille, tremblotante, montait-elle vers le beau temps, seulement vers le variable, le bonhomme avait bien vite jeté sa robe de chambre pour sa blouse de pêche d'un bleu passé de turquoise morte avec des pièces d'un bleu indigo qui déchiraient l'œil. Ah! c'est qu'elle avait du service! Et, paf! il filait comme une balle — une balle de coton s'entend, étant donnée sa corpulence — dans le sens de la rivière. L'indicateur descendait-il vers pluie, ou vent, ou tempête, ce précieux parent hochait douloureusement la tête et s'asseyait dans son grand fauteuil, son Horace déjà dans la main. Et ma tante — car j'avais aussi ma tante Piédeloup qui, Dieu merci! s'étant remariée, n'est plus de ma famille, surtout depuis qu'elle est morte aussi, — ma tante faisait une moue épouvantable, parce qu'elle aimait infiniment que son mari allât à la pêche. Je comprenais mal alors pourquoi, dans l'innocence où j'étais de ma quinzième année, sans quoi j'aurais remarqué que, dès que mon oncle avait tourné le dos, son dos chargé de scions et d'épuisettes, le lieutenant Belavoir, de la gendarmerie départementale, faisait son entrée, m'invitait à aller me promener et s'enfermait avec ma tante. O cher oncle, la paix du ciel soit avec tes mânes de cocu!

Or, un jour, — au lieu de m'aller promener, — je descendis tout simplement dans le cabinet de mon oncle Piédeloup. Il y avait longtemps que, nouveau Torricelli, je m'étais promis d'étudier de près le mécanisme mystérieux du baromètre qui semblait dicter à l'atmosphère ses lois. Après m'être juché sur une chaise, les rideaux de la fenêtre tirés pour ne pas être vu de la bonne, — cette sacrée Adèle! ô la callipyge enfant! — je décrochai l'appareil, un peu lourd, de la muraille, et je le retournai, pour l'étudier à l'envers du cadran. Je le fis avec tant de conscience que je laissai choir, en l'examinant de trop près, le petit tube de mercure dont le niveau mobile conduisait le mouvement des aiguilles. Le métal liquide se sépara, par terre, en petits hémisphères brillants qui couraient les uns après les autres, opaques et cependant étincelants. En même temps, l'aiguille indicatrice descendait encore, n'obéissant plus qu'aux lois stupides de la pesanteur et aux ridicules préceptes de l'équilibre stable. Ainsi sa pointe marquait le vide, plus bas que vent et tempête, prédisant un temps innomé dans l'histoire des plus grands naufrages.

J'étais tout simplement atterré.

Que dirait mon vénéré oncle Piédeloup quand il trouverait son baromètre brisé ? Il mourrait peut-être d'une attaque. Réparer efficacement le mal était impossible. Le dissimuler était ma seule ressource. Eh bien, avec une épingle posée par derrière et traversant le cadran, je maintiendrais artificiellement l'aiguille à une place déterminée. Une fois fixée ainsi, je raccrocherais au mur mon baromètre et mon oncle en serait quitte pour se dire, avec quelque surprise cependant, que, malgré les apparences extérieures, le temps était devenu immuable comme Dieu lui-même.

Et c'est là qu'apparut, dans tout son éclat, ma nature essentiellement optimiste et bienveillante. Un autre aurait fixé l'aiguille au mot *variable !* Ça n'engage absolument à rien. On peut toujours trouver que le temps est variable, comme la femme est perfide. On ne se trompe jamais. Mais non ! avec mon sacré rêve de bonheur universel, de ciel toujours bleu, de moissons et de vendanges éternellement compatissantes à l'éternelle pauvreté, de perfection idéale et d'âge d'or ressuscité, je cherchai tout de suite ce qu'il y avait de plus rassurant pour l'humanité. Au *beau fixe*, je clouai invisiblement la pointe de l'aiguille. Juste à ce moment, un grain effroyable tomba, et mon oncle rentra mouillé comme une soupe. Mais le baromètre était remis en place, les petits hémisphères de mercure soigneusement balayés. Toutes les traces de mon crime avaient disparu. Droit à son baromètre, suivant sa coutume, mon oncle Piédeloup alla, en rentrant, dans son cabinet. Il eut un sourire ineffable en voyant l'aiguille au *beau fixe*. C'était le temps qui se trompait ! Il fut tellement rassuré qu'il ne changea même pas de chemise, bien que la sienne fût trempée.

III

Alors commença une vie extraordinaire pour toute la maison. Bien que la saison fût détestable, mon oncle Piédeloup allait tous les jours maintenant à la pêche, disant : « Ce ne sera rien, le baromètre est à *beau fixe !* » Ce que ma tante et le lieutenant de gendarmerie Belavoir étaient contents ! On m'envoyait si souvent promener que j'usai, en ces seules vacances, tous les parapluies de la maison. Oui, mais cela finit mal. Mon excellent oncle Piédeloup gagna une formidable pleurésie à cette série d'imprudences. Sous l'œil tranquille et blanc du baromètre qu'il avait fait monter dans sa chambre de malade et qui continuait à marquer le *beau fixe*, il exhala son âme de pêcheur, sa belle petite âme de cocu. Je fus le seul qui le pleura sincèrement. Ironie du sort ! Dans son testament qu'on ouvrit, le lendemain des funérailles, on trouva qu'il m'avait justement légué son fameux baromètre, en me recommandant de le soigner comme un enfant. C'était déjà fait depuis longtemps. Je l'ai transformé en tir au pistolet de salon, seule application pratique qu'il comportât. C'est avec lui que je m'exerce à tuer, en des duels fictifs, quelques imbéciles qui, d'ailleurs, manqueraient bien vite à ma gaieté.

MIOUSIC

MIOUSIC

I

Je ne pouvais souffrir autrefois ni les avocats ni les perroquets, ni les médecins ni les singes. Le temps m'a rendu plus tolérant et j'estime qu'il n'est sot métier ni bête indigne d'affection. Je n'ai jamais eu de singe parce que j'ai peur des animaux qui vous réservent de promptes funérailles, supportant mal notre climat, et que la vue de ces condamnés à mort m'est pénible, même pendant leur période de feinte santé. Mais j'ai eu et j'ai encore des perroquets, parce que précisément ces oiseaux sont d'une longévité extraordinaire et que vous avez toutes les chances du monde de mourir avant eux. J'ai donc étudié leurs mœurs et n'ai à en rendre que de bons témoignages. Notre ciel inclément les détourne de l'amour au profit de la musique, absolument comme les petits soprani qui enchantaient les oreilles des papes. On peut dire d'eux qu'ils font de leur voix tout ce qu'ils veulent. C'est du gosier seulement qu'ils articulent, ce qui les rend idoines à traduire tous les sons de quelque nature qu'ils soient, qu'ils sortent de lèvres humaines ou d'ailleurs, du bois qu'on scie, de la planche qu'on rabote, du tambour qu'on frappe, et avec le même intérêt que s'ils récitaient une admirable page de Bossuet. Ce serait donc une erreur considérable que de croire qu'ils se passionnent pour le sens de nos discours et qu'ils ont l'intention de nous imiter dans les usages que nous faisons de la parole. Le bruit d'un moulin à vent leur paraît aussi éloquent qu'une harangue de Gambetta ou une strophe de Musset. Beaucoup de perroquets sans plumes et que nous qualifions de concitoyens sont au fond comme eux.

Allez donc vous étonner, après cela, qu'un perroquet ayant vécu pendant plusieurs mois de traversée avec des matelots absolument malappris, cyniquement grossiers, se complaisant d'ailleurs à lui polluer la mémoire des plus ordes vilenies, s'exprime autrement qu'un jeune prince élevé sur les genoux de madame Campan. Tel était le cas de Mikado, un joli perroquet vert, de l'espèce dite des

Amazones, avec un liséré rouge aux ailes, une pointe d'or à la perruque et autour des yeux, d'or aussi mais plus sombre, un frisson de cils toujours en mouvement. Son éducation à bord avait été la plus détestable du monde. Non seulement les gros mots lui poussaient au bec avec une incroyable facilité, mais il reproduisait, avec une fidélité parfaite, les bruits les plus malséants que comportent les digestions difficiles des gens mal élevés. Il canonnait à l'envi, à tout propos, comme un moine trop repu et qui se croit seul après les vespres. Toute la lyre d'Eole était cachée dans sa petite langue noire et épaisse. Il faisait retourner les gens qui ne pouvaient retenir un : « Cochon ! » indigné. Il possédait, dans ses effets harmonieux les plus complexes, et comme pas un, la gamme de ces indiscrétions intestinales, depuis le susurrement sournois jusqu'au pétard impertinent. Il graduait, modulait, contrepointait, trillait comme il avait entendu faire aux mathurins facétieux qui n'ont pas à leur service l'esprit de Rivarol ou la fantaisie de Nodier pour égayer leurs veillées. Et, après cela, il imitait le rire des spectateurs malotrus ; il riait impudemment, en se grattant malicieusement le dessus de l'œil de la pointe de son ongle racorni comme une feuille séchée.

Je dois à la vérité de dire que quand mademoiselle Henriette de Saint-Ildefonse l'avait acheté au Havre, puis apporté à Paris dans un sabot de bois blanc, elle ignorait absolument le genre de bavardage auquel Mikado était accoutumé. Elle avait été séduite simplement par la beauté de son plumage et l'intelligence menteuse de sa physionomie. Comme on l'allait marier, à demi contre son gré, avec un chevalier des Oursins âgé de soixante ans, c'est-à-dire comptant une quarantaine de printemps de plus qu'elle, elle pensait qu'un compagnon lui serait utile pendant les longues solitudes qu'un tel mariage comporterait. Mikado qui n'était pas hypocrite, il le faut reconnaître, l'édifia rapidement sur la nature de son éloquence. Mais elle l'aimait déjà; et puis elle pensa qu'il se déshabituerait, qu'il oublierait. Les hommes oublient bien! Témoin son cousin Ferdinand qui, autrefois, lui avait fait la cour, quand il n'était encore qu'au collège, et qui la laissait tranquillement marier à un vieux, sans la venir défendre. Pauvre Henriette! Ce qu'elle haïssait, par avance, ce chevalier des Oursins!

Et comme elle avait raison! C'était un gentilhomme chasseur, insupportable et, de plus, bégueule, ayant des prétentions aux nobles façons et ne pardonnant aucune infraction à l'étiquette.

Aussi, deux jours après le mariage, quand Mikado, pendant le déjeuner, imita le bombardement de Tanger et commença sa pétardière symphonie :

— Holà ! holà ! cria le hobereau. Qu'on m'enlève ce sale oiseau qui empoisonne!

— Pardon ! mon ami ! hasarda la jeune chevalière. C'est avec le bec.

C'en était fait. La guerre était déclarée entre les deux époux.

Ce n'était plus que sournoisement, à la dérobée, que la pauvre Henriette pouvait goûter la société de son oiseau favori. Dès que le chevalier rentrait, il fallait qu'on emportât Mikado. Un jour que celui-ci, avant de s'en aller, lui avait fait le salut militaire en une belle canonnade, le gentillâtre n'y tint plus :

— Madame, s'écria-t-il, je vais chasser le sanglier demain et ne reviendrai que huit jours passés. Si à mon retour vous ne me présentez ce misérable perroquet empaillé, par tous les Oursins de ma famille, je vous enferme vous-même dans mon vieux château périgourdin et oncques ne reverrez Paris de votre prisonnière existence. J'ai dit.

Il était déjà en habit de chasse, son cor à la main, — dont le vacarme était autrement déplaisant que les inodores fusées de Mikado.

Henriette pensa que le mieux était de feindre de se soumettre à cette vieille bourrique. En grand'-hâte, elle acheta, chez un naturaliste, — ainsi se baptisent, un peu insolemment pour la mémoire de Buffon, messieurs les empailleurs, — un perroquet pareil à Mikado, bourré de foin et les ailes maladroitement entr'ouvertes, et le posa sur la cheminée de la chambre du chevalier, sous un trophée cynégétique où s'étalaient les dépouilles de ses victimes.

— Êtes-vous content, monsieur? demanda-t-elle au chasseur qui revenait d'assez mauvaise humeur, — car il était bredouille, — mais qui s'esclaffa joyeusement de rire devant le spectre imposteur de Mikado.

— Il est joliment mieux comme ça ! fit-il, tout en tendant ses lourdes bottes à un valet.

Et, pendant ce temps-là, Mikado, le vrai Mikado,

l'authentique Mikado, était fort bien soigné dans une chambre du haut où M. le chevalier ne montait jamais et dans laquelle Henriette passait maintenant le meilleur de ses journées.

II

La première partie de l'automne, aux rouilles pâles encore, s'était achevée en cette existence monotone, quand un événement inattendu mit un peu de variété dans la seconde moitié, couronnée d'or plus sombre et plus enfoncée dans les brumes matinales. C'est que le cousin Ferdinand, qui n'avait pas tant oublié que ça la cousine Henriette, était reparu à l'horizon, après une longue promenade dans les mers lointaines. Henriette découvrit, avec joie, qu'il était encore amoureux d'elle et, n'ayant jamais eu pour lui que les plus bienveillantes dispositions, s'abandonna, sans réserve, à cette affection partagée et pleine de poétiques souvenirs d'enfance. Notre chevalier des Oursins, souvent absent pour ses meurtriers plaisirs, commença donc d'être outrageusement cocu dans ses propres lares. Comme tout son domestique le haïssait et était infiniment dévoué à la chevalière, celle-ci put recevoir son cousin tant qu'elle voulut pendant les absences de son mari. Ah! ce lui fut une rude consolation des tristesses matrimoniales! Mikado, lui-même, fut un peu négligé pour son rival. Il n'en devint que plus venteux et plus malappris dans ses discours.

Et les choses allaient ainsi pour le mieux, nos amoureux se gênant de moins en moins, quand Ferdinand, en une de ses visites adultères, s'avisa d'apporter un cassoulet de Castelnaudary, pour le manger avec sa bonne amie, cependant que le mari de celle-ci pourchassait le renard on ne sait où.

Ce fut une adorable dînette, au coin d'un grand feu de genevrotes, comme on en allume en cette saison. Henriette mangea peu de cassoulet, mais Ferdinand, qui avait à se refaire, en fit une orgie véritable. Puis on remonta dans la grande chambre où le lit grand ouvert attendait, prêt à refermer ses bras de neige tiède sur leur coupable bonheur.

Un appel de cor, dans la grande cour. C'est le chevalier qui revient, toujours bredouille, deux jours avant le retour annoncé. Ferdinand a juste le temps de se sauver dans le cabinet de toilette attenant à la grande chambre aux rideaux tout parfumés de baisers interrompus.

M. le chevalier, de méchante humeur encore, se dispose à profaner le lit de neige tiède, en compagnie de sa légitime épouse qui tremble comme une feuille au vent du soir.

Tout à coup une musique diabolique, tumultueusement éolienne, bombardante et tonitruante, sort du cabinet de toilette, dont la porte fermée en est comme secouée.

— Nom de nom! fit le chevalier en bondissant.

Apprenez-le tout de suite, impatients amis suspendus à ma plume comme des naufragés à un mât égratignant la mer, c'était notre malheureux Ferdinand, victimé par le cassoulet, qui, après des efforts héroïques pour en emprisonner les révoltes sonores, renonçait à la lutte et s'abandonnait à ce malséant charivari. Et le cassoulet faisait rage ; on eût dit l'explosion d'une cartoucherie, tant ces petits haricots de Pamiers sont d'humeur guerrière ! Pan ! Pan ! Pan ! Pan ! Pan !

Le chevalier allait s'élancer vers le lieu du sinistre. Mais Henriette affolée, illuminée cependant d'une inspiration subite, s'était cramponnée après lui :

— Pardon ! pardon ! disait-elle. Eh bien ! oui, je ne l'avais pas fait empailler !

— Hein ? fit le chevalier.

— Tu ne reconnais pas sa voix ? C'est Mikado que j'ai arraché à ta rage. Je l'avais pris un moment avec moi et je n'ai eu que le temps de le cacher là.

Le chevalier était ahuri.

— Je veux voir tout de même, fit-il.

Mais elle l'enlaça si bien de ses beaux bras blancs qu'elle le ramena vers le lit toujours accueillant et tiède :

— Je te le montrerai demain.

Et elle le lui montra le lendemain, et il fut parfaitement convaincu, avec cinq lettres en trop dans l'adjectif que je lui décerne. De belle humeur, après les doutes qu'il avait eus, il fit grâce à Mikado, et Ferdinand, délivré dès la première heure, vient toujours voir sa bonne amie. Mais il n'apporte plus de cassoulet.

LE LAPON

LE LAPON

I

Il y avait juste trois jours que mon ami Petalas, de Carcassonne, avait épousé en justes noces mademoiselle Anna Mirandot dont il était épris au plus haut point. Et fort sagement, à mon avis. Car mademoiselle Anna Mirandot était une des plus jolies filles du Languedoc tout entier où les parents s'entendent à merveille à les faire. J'entends que rien ne lui manquait de ce qui doit décider un honnête homme à se marier avec une demoiselle qu'il ne peut obtenir autrement, seule excuse aujourd'hui d'une institution dont on est en train de saper furieusement les privilèges. Mon ami Petalas, de Carcassonne, n'en était d'ailleurs pas arrivé à cette extrémité sans une longue et loyale résistance. Mais la candeur même d'Anna l'avait désarmé dans ses impertinentes entreprises, et d'ailleurs sur la vertu de celle-ci veillait un véritable dragon, la tante Honorine, une vieille demoiselle, une façon de douairière, l'unique famille de l'orpheline que, très intelligemment, Petalas avait prise pour femme.

Trois jours déjà qu'on gobichonnait à ventre que veux-tu, buvant frais le villaudric qui, même sous la glace, garde un rayon de soleil, vidant les larges terrines de cassoulet qu'on faisait venir de Castelnaudary. Et ces dames étaient un peu lasses, et nous étions restés, entre hommes, — Petalas aussi qui n'était pas fâché de laisser voir que sa jeune épouse avait besoin de repos, — autour des liqueurs et dans la fumée des cigares, disant des cochonneries comme ne manquent jamais de le faire les messieurs quand ils en sont réduits à leur seule compagnie. Petalas avait beaucoup fait la noce ; il avait, de plus, voyagé dans les plus invraisemblables pays et il nous contait comment on fait l'amour dans chacune des parties du monde, ce qui d'ailleurs est assurément plus intéressant que la simple géographie.

— On parle toujours de l'hospitalité écossaise, nous disait-il, mais elle n'est que de la Saint-Jean, que dis-je ! un simple feu de la Saint-Jean auprès de l'hospitalité laponne. Quand j'étais à Kussavara, dans une véritable cité de glace, j'avais pour hôte le plus riche marchand de cornes de rennes du pays, le doux Afvan, haut comme un terre-neuve, ventru comme un magot, tout à fait vilain à voir ; mais une âme vraiment délicieuse. Il me reçut comme un frère, à mon arrivée, et me traita, pendant mon séjour, avec une infinité de prévenances. Mais le plus délicat (je vous le dis tout bas, puisque ma femme est couchée) fut de m'amener, le soir, dans la chambre de la sienne et de m'y laisser jusqu'au lendemain matin.

— Et la Laponne était jolie ? demanda Marcel.

— Non, mais grassouillette confortable, et si aimable ! Et puis, je n'avais pas le choix, et c'est le cas ou jamais de se contenter des merles quand les grives font défaut.

— C'est ce que les Orientaux pratiquent d'une autre façon, observa Raymond.

— Je crus d'abord, continua Petalas, à une distinction personnelle et flatteuse. Mais j'appris depuis que c'est un usage consacré dans le pays, usage basé sur un amour profond de l'humanité et le sentiment de la réciprocité. Car, de même qu'un Lapon croirait insulter son hôte en ne lui offrant pas la moitié de son lit conjugal, il tuerait comme un chien celui qui, dans des circonstances analogues, lui refuserait la moitié du sien... Heureusement que mon bienfaiteur ne viendra jamais en France !

— Attends donc ! dit Marcel en tirant un journal de sa poche.

Et il lut, dans la *Dépêche*, qui ne blague jamais, cet entrefilet : « On annonce l'arrivée, à Toulouse, d'une troupe d'Occidentaux qui fera courir notre ville tout entière au Pré-Catelan. Ces Lapons, les premiers qu'on ait vus en France et que nous envie le Jardin d'Acclimatation de Paris, ont pour chef et interprète un nommé Afvan... »

— Ah! mon Dieu! s'écria Petalas en laissant choir son cigare. Eh bien! me voilà joli! J'ai fait un joli coup en lui apprenant le français pour le remercier de son hospitalité! C'est qu'il est fort comme un Turc, dans sa petite taille, et s'il me découvre jamais... moi qui viens justement de me marier...

L'arrivée du facteur interrompit ce discours. Une lettre d'une écriture bizarre, portant le timbre de Toulouse, fut remise à Petalas de plus en plus troublé. Il pâlit en la lisant. Puis il la passa à Marcel en lui disant : « Lis tout haut. Tu verras si je me trompais! »

Et Marcel lut : « Mon bon Petalas, en arrivant ici, j'ai appris par les journaux votre présence à Carcassonne et votre mariage. Je tiens à prendre ma part de votre joie... »

— L'impertinent! hurla Petalas en crispant les poings.

« Je crains d'arriver en retard. Mais ne m'en veuillez pas!... »

— C'est ça! Il aurait voulu que je lui dise : Après vous, monsieur!

« Si je ne suis pas l'ouvrier de la première heure...

— Il n'eût plus manqué que ça!

« J'apporterai cependant ma pierre... » — Polisson! et il a la pierre!

« A l'édifice de votre bonheur. A tout à l'heure donc! Votre tout dévoué et fidèle

« AFVAN. »

— Je le ferai arrêter à l'octroi! s'écria Petalas hors de lui.

— Tu n'en as pas le droit, objecta froidement Raymond qui est jurisconsulte comme Justinien.

— Et puis, une fois relâché, comme un simple anarchiste, rien ne l'empêcherait de te massacrer pour se venger de cette arbitraire arrestation.

Et le malheureux Petalas s'appliquait déjà, avec ses poings, des bosses au front comme pour en détourner les autres.

— Dis-lui que tu es veuf, dit Marcel.

— Veuf au bout de trois jours!

— Ça ne pourrait être que flatteur pour toi.

— Et puis comment expliquer à ma femme?...

— Simple détail de ménage, quantité négligeable en ce moment.

— Quel bouleversement dans la maison!

— Aimes-tu mieux être cocu?

— Fichtre non!

A ce moment, sur la pointe du pied, ce qui nous fit soupçonner qu'elle écoutait depuis un brin de temps derrière la porte, la tante Honorine, la douairière, fort drolatique dans son long peignoir à ramages, avec un serre-tête qui lui donnait l'air d'une poupée de Holden.

— Laissez-moi faire, mes enfants! nous dit-elle. Je réponds de tout.

Et elle mit son long doigt sur sa bouche.

II

Deux heures après, Afvan entrait, mis à la dernière mode, en pur gentleman toulousain, avec, en plus, un énorme paquet de breloques tintinnabulant sur le ventre.

Avec un sérieux très canaille, Petalas se jeta dans ses bras en lui contant son imaginaire malheur.

— Moi qui apportais à la jeune épouse ce présent de noces, dit le Lapon en tirant de sa poche un saphir gros comme une noix qu'il y remit ensuite, quand il vit que Petalas tendait la main pour le recevoir quand même... La pierre promise ! Frère, mène-toi sur sa tombe !

— C'est que... fit Petalas horriblement embarrassé.

— Tu ne peux, continua Avan, refuser à ton frère de partager la peine comme il se promettait de partager le plaisir.

— Il le faut, dit tout bas Marcel à l'oreille de Petalas. C'est encore un cas de vie ou de mort.

Petalas prit le bras du Lapon et le conduisit au cimetière où il le fit prier avec ferveur sur la pierre tombale d'un vieil huissier décédé la veille. Lui-même dut intercéder vivement auprès de Dieu en faveur de cette fâcheuse bourrique qui, de son vivant, l'avait inondé de protêts.

Comme nous revenions de ce triste pèlerinage, la tante Honorine, en toilette surannée, mais délicieusement prétentieuse, fagotée comme une poupée allemande, apparut sur le seuil et se dirigeant, les bras ouverts, vers Petalas ahuri :

— Mon cher époux ! lui dit-elle.

— Hein ! fit le Lapon.

— Oui, mon cher Afvan, dit Petalas, reprenant son sang-froid, à mesure qu'il comprenait l'idée géniale de sa parente par alliance... j'en conviens !... C'était une farce... une petite farce... et je te présente madame Petalas.

La tante Honorine fit une gracieuse révérence, et le pauvre Lapon une légère grimace, vite réprimée.

— Charmante ! fit-il. Tous mes compliments ! Je ne l'aurais pas choisie autrement pour moi-même.

Et comme il avait autant de loyauté que d'estomac, il reprit le saphir, gros comme une noix, dans sa poche, et le donna à la tante Honorine, jubilante comme un jeune chevreau dans l'herbe pleine de rosée.

— Ce que j'aime en vous, Français, continua Afvan avec conviction, c'est que vous faites toujours des plaisanteries spirituelles. Nous n'aurions jamais eu l'idée, en Laponie, d'annoncer la mort de notre femme à un ami pour le faire rire et de le mener au cimetière pour l'amuser. Voilà bien la franche gaieté que le monde entier vous envie ! Tas de boute-en-train, va ! Mais dis donc, ce n'est pas une nouvelle farce, ça ?

— Monsieur, dit la tante Honorine très choquée, croiriez-vous que je me prêtasse...

— Alors je suis un heureux coquin, madame, un bien heureux coquin !

4

Et il prit le bras de la douairière qui se mit à minauder comme une vieille poule dont l'œuf trop gros n'arrive pas à sortir.

Et ils disparurent dans les allées verdoyantes du jardin, suivis de Petalas, une serviette sous le bras comme les garçons de café, cependant que Marcel, Raymond et moi faisions péter le bouchon d'une bouteille de blanquette de Limoux.

. . . .

Le lendemain matin, la tante Honorine avait un air radieux qu'on ne lui avait jamais vu.

— Vous ne restez pas un mois avec nous, mon cher Afvan? dit Petalas au Lapon.

Le discret Occidental témoigna de son regret sincère d'être rappelé par ses devoirs d'impresario et prit congé. L'ordre rentra dans le ménage Petalas, après cette alerte, d'autant que la tante Honorine déclara que l'air de Carcassonne lui donnait des coliques et partit pour Toulouse le lendemain.

EXTRAIT DE MES MÉMOIRES

EXTRAIT DE MES MÉMOIRES

I

J'avais douze ans et mon père était juge, en ce temps-là, juge provincial dans le ressort de Paris. Il me rêvait une carrière pareille à la sienne, calme et dans la magistrature assise. Mais déjà je n'aimais la robe qu'au derrière des demoiselles. Ce fut heureux au demeurant. Car je crois que j'aurais souvent rendu l'injustice, n'ayant jamais pu retenir, de tout le code où il n'est pas, que ce vers exquis de La Fontaine :

> Et c'est être innocent que d'être malheureux.

Il est malaisé d'intimider les masses et de leur inspirer la terreur de la loi avec l'application de ce seul article. Ah si ! Il y a encore une loi que je trouve suffisante à remplacer toutes les autres : la loi Grammont, avec la réserve de l'appliquer aussi aux hommes qui la méritent si bien. Tout mon Justinien tient encore dans ces principes. J'ai décidément bien fait de mal tourner. Ma seule aptitude au métier de juge était dans une facilité de sommeil qui ne m'a pas d'ailleurs abandonné. J'en use ailleurs, voilà tout. J'ai dû renoncer à la critique théâtrale pour cela. Elle rend cependant service aux auteurs dramatiques qui l'exercent. Tel un de mes confrères dont l'unique pièce fut jouée trois fois sur un théâtre du boulevard et qui trouva moyen de constater, dans l'intervalle, par un dithyrambique feuilleton, qu'elle avait un immense succès.

J'avais douze ans et Napoléon III, de benoîte mémoire, venait d'étrangler la seconde et la plus naïve de nos Républiques. Cela avait fait quelque bruit en province, bien que le gouvernement eût pris le soin d'envoyer aux eaux tous ceux qui eussent le plus volontiers donné de la voix. M. le sous-préfet vint trouver mon père. Ce jeune sous-préfet, récemment élaboré par le nouvel Empire, était extrêmement zélé et encore plus myope, bon vivant d'ailleurs, très ami de la gaieté et de la dégustation, pourvu d'une jolie femme qui le trompait avec le capitaine de gendarmerie, loquace, familier, sans préjugés, facile à vivre, le modèle n° 23 des sous-préfets qui demandent un despotisme naissant, bonne *bête*, parbleu ! *au fond*, et n'étant féroce que par nécessité.

— J'ai reçu directement avis, lui dit-il, que le ministre traverserait notre gare au train de deux heures vingt, et il m'a semblé qu'une manifestation, improvisée en son honneur, ne pourrait faire que grand bien au pays. Tous nos fonctionnaires et notables qui voudraient bien se joindre à moi pour le venir saluer au passage me feraient la plus agréable chose du monde.

Mon père avait, pour la politique, à peu près autant de goût que moi. Pendant ce qu'il vécut de la durée de l'Empire, il ne manqua jamais de se purger le 15 août pour s'excuser de ne pas aller au *Te Deum*, en invoquant une subite indisposition. Cela joua même un sale tour à un sous-préfet qui, ayant pris au sérieux la fausse maladie de mon père et l'aimant beaucoup, laissa passer le temps de l'office à lui frotter le ventre, et le manqua lui-même, ce qui faillit le faire destituer. Il répondit donc, avec beaucoup de déférence d'ailleurs — car le latiniste admirable qu'il était avait le mépris respectueux et bien élevé — au représentant du pouvoir exécutif qu'il était décidé, pour sa part, à ne pas violer l'incognito dont M. le ministre voulait s'entourer, sans doute, en ce menu voyage, et à lui témoigner son zèle par sa discrétion. Il entoura fort habilement ce refus de considérations philosophiques sur l'ennui des grandeurs et le plaisir qu'on faisait certainement aux puissants en leur laissant oublier quelquefois le fardeau de leur gloire.

M. le sous-préfet n'abonda pas dans ce raisonnement et partit assez mécontent, tandis que mon père lui riait aux talons.

Moi, j'avais tout entendu, en train que j'étais de fabriquer un thème grec dans une pièce voisine, et je me demandais déjà, écolier plus curieux que studieux, quel mensonge je ferais pour aller voir la fameuse cérémonie du passage de ce ministre. Et je ne trouvais pas, étant peu ingénieux de nature, et je me décidais à demander conseil à ma cousine Guillemette, ayant remarqué déjà que les femmes, dans leur plus jeune âge, sont infiniment plus habiles à mentir que nous. Là est d'ailleurs leur véritable supériorité. Savez-vous le motif de leur rancune à l'endroit de la vérité? Simple jalousie inspirée par une personne qui aimait mieux s'habiller d'un puits que de sortir toute nue.

J'en étais là de mes réflexions et de mes projets, quand une visite de mon père les rendit inutiles. Après s'être assuré que je n'avais pas fini mon thème, d'un ton méchant il me dit : « Vous irez, monsieur, s'il vous plaît, à l'arrivée du train de deux heures vingt. » Je croyais rêver. Il ajouta : « Une lettre de votre tante Marcelline m'annonce qu'elle le prendra probablement pour venir passer une quinzaine avec nous. » Hein ! quelle chance ! D'autant que, dans un ordre d'idée différent, j'adorais ma tante Marcelline, une brave personne et dont le fessier effroyablement volumineux emplissait de craquements les bras des fauteuils et mon jeune cerveau de libidineuses imaginations. Je n'avais rien, dans ma famille, de comparable à ce derrière. Il eût fait rêver des cultivateurs de potirons. D'un très noble module avec cela et de contexture maliforme. Car vous avez remarqué certainement que les derrières féminins se peuvent classer en deux grandes catégories, ceux qui imitent la pomme et leurs contours, et ceux qui imitent la poire. Comme l'art grec, je vous engage à préférer les premiers. Si nous consultons la Bible, d'ailleurs nous y voyons que c'est vers une pomme et non vers une poire qu'Adam, tenté, étendit sa main. Double joie ! j'allais embrasser cette sympathique personne et voir passer M. le ministre par-dessus le marché ! Et quand je pense que maintenant pour voir passer tout un cabinet, je ne quitterais pas le mien ! Comme on change !

II

Non ! ce qu'elle était spontanée, cette manifestation sous-préfectorale ! Les sergents de ville accrochaient eux-mêmes des drapeaux aux fenêtres des habitants. Jamais l'amour d'un peuple pour un régime (tant il avait un vaste cœur pour aimer jusqu'à un régime !) ne s'était trahi par mille intentions plus soudaines, plus délicates et plus discrètes. Dans les écoles, les enfants piaillaient une cantate ; dans les fabriques, des farauds en blouse claire réchauffaient l'enthousiasme des travailleurs. O mystère des affections politiques ! Chaste secret des tendresses dynastiques ! Que vous êtes bien faits pour charmer les âmes éprises d'idéal et de silence!

Ah! je confesserai ma propre rosserie. Eh bien! j'avais mis un bouquet de violettes à ma casquette, dans le chimérique espoir d'être remarqué par M. le ministre.

Je revois d'ici les portes de la gare grandes ouvertes, de crainte que l'empressement populaire n'échappât à celui qui en était l'objet. Messieurs les gendarmes, culottés de casimir blanc, en bottes jusqu'au bas-ventre, maintenaient sur une ligne les manifestants, cependant que messieurs les fonctionnaires circulaient librement le long du grand trottoir qu'allait frôler le roulement majestueux du train si pompeusement attendu. M. le sous-préfet était tout brodé d'argent et tenait un rouleau inquiétant à la main. M. le maire, sanglé dans un drapeau, tenait un autre rouleau plus inquiétant encore par son volume. La musique des sapeurs-pompiers couaquait par avance et se gargarisait dans ses cuivres. Le capitaine de gendarmerie, un Alsacien superbe, avait aux lèvres une branche de lilas que venait de lui donner la femme du sous-préfet.

Un coup de corne retentit (je dois à la vérité de dire que ce ne fut pas celui-ci qui le donna), signalant l'approche du train; un: « Garde à vosse! » formidable groupa, suivant une belle ligne géométrique, la mêlée citoyenne et hydraulique. Puis la locomotive apparut majestueuse et roulant de gros yeux rouges comme un monstre en colère; enfin, suivant la courbe sinueuse des rails, un serpent de wagons glissa dans la perspective, avec de lentes et imperceptibles ondulations. L'air de la *Reine Hortense* — cette *Marseillaise* du pauvre bonapartiste —

monta dans l'air troublé que des hirondelles ponctuaient de leur vol circonflexe.

J'étais ému comme un vrai serin.

Bientôt, vers un wagon de première classe d'où dépassait, à une portière, une masse rose qui me fit l'effet d'un visage souriant, tous les employés de chemin de fer s'élancèrent avec des clameurs incohérentes, mais qui me parurent exprimer parfaitement un enthousiasme improvisé. Derrière eux coururent M. le sous-préfet (ne pas prononcer souffre-pet, comme une vieille dame de mes amies) et M. le maire avec leurs deux rouleaux, et criant, ceux-là, bien distinctement : « Vive monsieur le ministre ! » Arrivé le premier au wagon d'honneur, et très myope comme je vous l'ai déjà dit, M. le sous-préfet s'élança vers le visage souriant. Mais les employés, à ma grande surprise, l'empêchèrent de l'embrasser, comme il avait paru en concevoir le projet, en le tirant vivement en arrière. Pendant ce temps-là, M. le maire, qui espérait prendre de l'avance, avait déployé son rouleau et commençait : « Excellence, représentant d'un prince auguste... » Un bruit effroyable, suivi d'un éclat de rire homérique, sortit de cette foule. J'avais pu me glisser sous la barrière que gardaient messieurs les gendarmes et, sautant moi-même jusqu'à la voiture privilégiée, je me trouvai devant un bien curieux spectacle. La figure qui était devant moi n'était pas un visage, et des cris d'angoisse s'échappaient du compartiment d'où elle émergeait par la croisée, encadrée dans le quadrilatère de bois verni et débordant en festons charnus. C'était... ce ne pouvait être que celui de ma tante Marcelline. Je reconnaissais d'ailleurs parfaitement sa voix : la voix du sang ! « Ma tante ! m'écriai-je. Du secours ! » Quatre hommes vigoureux étaient accourus déjà, avaient enjambé le marchepied et, d'un effort commun, repoussaient dans l'alignement, puis faisaient rentrer dans la décence et le compartiment l'impertinent qui en était sorti, cependant qu'une dépêche annonçait à M. le sous-préfet ahuri que le ministre ne passerait qu'au train de cinq heures.

Les pompiers renoncèrent à la *Reine Hortense* et se contentèrent de jouer l'air populaire : *Si tu voyais mon chou*. Ma tante Marcelline, retournée, était déjà dans mes bras. Elle me conta, tandis que je l'accompagnais à la maison, que, subitement incommodée en wagon, elle avait eu l'idée mélancolique de se faire hisser, par ses compagnons de route à la fenêtre, pour s'en servir comme d'une lunette, après s'être assise sur le rebord. Comment s'y était-elle engagée ? Comment avait-elle dépassé les conditions d'une honnête attente ? Toujours est-il qu'elle n'avait pu, même aidée par ses complices, se dégager de cette prison, et que le train étant express, elle avait déjà traversé quatre stations, saluée au passage et les fesses acclamées par tous les partisans du coup d'Etat.

Le soir, je me glissai sournoisement dans la chambre de ma tante Marcelline, dans l'espoir de constater les traces du désastre. Elle passa, devant l'armoire à glace, une tournée d'inspection qui me le permit. Elle avait un cadre rectangulaire tracé en bleu sur l'objet de ma juvénile admiration. Ce portrait de famille ne m'est jamais sorti de la mémoire. Tout à coup elle m'aperçut dans un coin du miroir, et comme elle était fort bonne fille, au lieu de me gronder elle me dit en riant : « Eh bien ! trouves-tu qu'il te ressemble ? »

LA LEÇON

i

LA LEÇON

I

Naître, vivre et mourir dans la même maison!

dit un délicieux vers de Sainte-Beuve. Mais à qui ce bonheur est-il donné aujourd'hui? Il s'en faut aller dans quelque coin bien lointain de petite ville ou de village, pour trouver une demeure dont les habitants aient eu ce destin. Nous ne menons plus maintenant qu'une vie banale d'hôtellerie. Je ne vais jamais, — trop rarement, hélas! à mon Tarascon (Ariège) — le Tarascon à qui Paul Arène a rendu justice, pour qu'à mon tour je célèbre Sisteron, — sans m'attendrir devant quelque maison demeurée toute pareille depuis qu'elle apparaissait, comme un monde, à mes yeux d'enfant, dans le murmure parfois tumultueux du fleuve qui coulait au pied, près du pont sous lequel courait une véritable toison d'écume blanche, un troupeau marin de moutons enragés, blancs comme la neige. Le toit paternel d'abord dont les tuiles sont d'un rouge moins vif et mêlé de gris, voilà tout. Mais aussi celui du maître d'école qui me donna mes premières leçons, maître Tibulle Lagarrigue, lequel n'a pas changé davantage. A mon dernier voyage, j'ai eu la curiosité de pousser la porte qui était entr'ouverte. Je dois convenir que maître Tibulle Lagarrigue n'était plus là (mais le cimetière n'est pas loin où dort le pauvre !). La maison n'était même plus une école. Mais rien ne s'était modifié de sa distribution intérieure et je reconnus parfaitement la grande salle triste où je reçus pas mal de calottes en l'honneur de l'*Epitome*. Voici la place où la chaire adossée au mur séparait les deux fenêtres, si bien que maître Lagarrigue, seul, ne pouvait pas voir ce qui se passait dans le jardin fermé, tout au bout, par une grande allée de platanes que j'apercevais si bien de mon banc, sans cesse distrait par ce coin de nature où les oiseaux récitaient un rudiment infiniment moins morose que le mien. Et dans ce parterre, tout plein de roses sauvages ou de dahlias simples suivant la saison, sous mes yeux passait encore l'image exquise de madame Lagarrigue, tête noire de fauvette, presque bleue de mésange dans ses robes nonchalantes de jolie femme embêtée d'avoir un cuistre pour époux. Car ce n'était pas un homme amusant que ce maître Tibulle Lagarrigue, bien qu'il prétendît descendre du grand Tibulle et se crût le premier homme du monde. Mais je pardonne à sa mémoire parce que c'est lui qui mit mon premier Virgile dans mes mains, et que c'est un service qu'un fervent des poètes ne saurait oublier jamais.

Ce jour-là, maître Tibulle me donnait une leçon d'histoire romaine, après un déjeuner copieux où il avait fêté l'arrivée de son cousin Michel Lagarrigue, lieutenant au 21e, actuellement en garnison à Pamiers, et venu en congé passer quelques jours avec lui. Il avait bien offert à ce Michel, qui était un bon diable, d'assister à sa leçon. Mais celui-ci avait poliment allégué un peu de migraine pour éviter cette distraction austère, et c'est contre moi seul que sévissait mon professeur par intérim, maître Tibulle ne me donnant de leçons que pendant les vacances.

Nous en étions à la fondation de la République, laquelle avait le don d'exciter singulièrement la verve de ce birbe pétulant. Car maître Tibulle était républicain — ce qui n'est pas vraiment bien méritoire en temps de monarchie — et professait pour Brutus en particulier un culte presque compromettant pour celui-ci. Car je ne sais rien de plus blessant, pour la mémoire d'un grand homme, que l'admiration des imbéciles. Celui-là était donc en train de m'expliquer, avec toutes les réserves de la pudeur professionnelle, comment l'attentat du jeune

Tarquin sur la personne de la chaste Lucrèce avait fait sonner, pour Rome opprimée, l'heure auguste de la liberté.

J'étais fort innocent à cette époque — ai-je beaucoup changé? — et, même avec des points sur les *i*, les histoires d'amour me laissaient dans une perplexité faite, à la fois, de curiosité vague et d'authentique ignorance.

— « S'étant enflammé d'une coupable passion pour la femme, Lucrèce, d'un citoyen fort considéré nommé Collatin, le jeune Tarquin osa profiter de l'absence de son mari pour se glisser auprès d'elle... »

Ainsi parlait le texte.

J'eus une distraction à ce moment, et ayant jeté un coup d'œil furtif dans le jardin où les oiseaux chantaient, orchestre voletant devant le grand rideau de platanes où le soleil déclinant mettait des lumières roses, j'aperçus le cousin Michel de maître Tibulle, en train de se glisser positivement — comme le jeune Tarquin — auprès de madame Tibulle, délicieuse à voir dans un déshabillé clair d'où jaillissaient, comme de leur collerette de papier les fleurs d'un bouquet, les grâces odorantes et veloutées de son corsage, une rose rouge dans les cheveux semblant une goutte de sang à la peau d'ébène d'un Nubien.

— Tiens! pensai-je simplement, la même histoire!

II

Et le texte poursuivait :

— « Ayant tenu à cette vertueuse personne de déshonnêtes propos qu'elle avait repoussés avec horreur... »

Je ne sais fichtre pas encore aujourd'hui si les propos que tenait le lieutenant à sa cousine par alliance étaient déshonnêtes, mais il me parut qu'elle lui témoignait bien indulgemment son horreur en se rapprochant de lui.

— « Le misérable tomba à ses genoux... »

Décidément, le présent continuait à faire la pige au passé. Car le cousin de Michel était précisément en train d'effectuer la même pantomime devant madame Tibulle qui, rouge comme une cerise, semblait l'inviter à se relever. Et les violettes du jardin contemplaient cette scène, étrange pour moi, avec des yeux tout aussi étonnés, des yeux d'un bleu troublant, ces belles violettes de mon pays qui commencent de fleurir fin janvier et sont dans tout leur éclat fin février, comme on était ce jour-là, un jour déjà chaud d'un printemps frissonnant à peine dans les feuillages naissants.

— « Il lui déclara sa flamme en l'accompagnant de menaces terribles... » continuait l'historien.

Pas si terribles que ça, maître Tibulle ! Car votre cousin continue à se comporter comme un Tarquin de la plus belle eau et votre épouse ne paraît nullement effrayée du châtiment dont il menace sa rigueur.

— « Alors, hors d'elle-même, l'épouse outragée appela à son secours... »

Ta! ta! ta! ta! mon bonhomme de maître! C'était bon dans le temps. Madame Tibulle ne pousse pas le moindre cri, mais elle montre à votre parent, le joli lieutenant en congé, un petit berceau de feuillages naissants sis à l'une des extrémités de l'avenue de platanes, et tous les deux se dirigent vers le mystérieux réduit de verdure tendre, en se tenant la taille et en mêlant leurs chevelures, ce qui était un métier de dupe pour votre femme et une bien bonne affaire pour le lieutenant.

Ah! on a beau être innocent, certains spectacles ont leur tentation troublante, et font battre inconsciemment le cœur aux plus ingénus. — Le suis-je autant encore? — Je n'en sais rien, et je me souviens seulement que mon émoi fut tel que je laissai tomber le livre de mes mains, ce qui me valut une admonestation sévère de mon professeur. Quand je l'eus ramassé, celui-ci reprit férocement son commentaire, mais les deux amoureux avaient disparu et les oiseaux, seuls, se poursuivaient dans les branches humides encore.

Après avoir flétri comme elle le méritait la conduite du jeune polisson qui avait fait le vertueux Collatin cocu, maître Tibulle insista sur les bienfaits de la civilisation moderne et sur les progrès de l'esprit nouveau, lesquels ne souffrent pas que d'aussi scandaleuses aventures se reproduisent dans une société régénérée par la Révolution. Il me montra fort éloquemment, ma foi, et à me le faire toucher du doigt, le grand souffle de Quatre-Vingt-Neuf jetant à terre les cornes séculaires de Ménélas et de Chilpéric. Après cette digression heureuse, il continua, par le menu, l'histoire commencée, en décrivant successivement, dans un langage stupide mais imagé, le retour du Collatin, la confusion et la mort de sa femme, la généreuse fureur de Brutus et le grand peuple qui devait conquérir le monde fondant sur un adultère bourgeois le glorieux édifice de son indépendance, ce qui prouve, en passant, que les crimes ont du bon et que le tout est de savoir en tirer parti.

J'étais vraiment fort ému de ces événements tragiques dans leur dramatique enchaînement.

— Nom de nom! pensai-je en moi-même, pourvu que Lucrèce Lagarrigue n'ait pas la fichue fantaisie de se confesser à Tibulle Collatin! Mon maître en ferait voir de belles à Tarquin Michel! Et le gouvernement du roi Louis-Philippe serait dans de jolis draps!

Et je voyais déjà un souffle comparable à celui de Quatre-Vingt-Neuf balayant l'œuvre maudite des Guizot et des Thiers sur les talons du prince glorieux qui mérita le nom de père des parapluies.

Ouf! la leçon est finie sans encombre. Rouge comme deux cerises cette fois, madame Tibulle venait chercher son mari, au bras du lieutenant Michel, au contraire, un peu pâlot.

— Eh bien! et cette migraine? demanda affectueusement à celui-ci l'excellent Tibulle.

— Je me sens un peu mieux, répondit le lieutenant.

— Je parie que c'est ma femme qui vous a fait passer ça, continua mon maître.

— En effet, répondit le militaire en mordant sa moustache.

— Eh bien! maintenant que vous savez le remède, il faudra recommencer.

— Vous pouvez compter sur moi pour ça, cousin.

— *Bis repetita placent!* poursuivit en riant le cuistre.

— C'est déjà fait! répondit au hasard Michel, qui ne comprenait pas un mot de latin.

J'allais prendre congé de cette belle famille, mon rudiment sous le bras, quand le facteur arriva, en criant :

— En voilà une de nouvelle!

Maître Tibulle Lagarrigue sauta fiévreusement sur le journal et en fit sauter la bande. Il faillit s'évanouir en jetant un cri d'ivresse. La République était proclamée à Paris et le tyran avait fichu honteusement le camp.

Car ce jour-là était le 26 février 1848 (la nouvelle mettant deux jours à parvenir à Tarascon), un 26 février hâtif, déjà beau comme un jour d'avril, avec des oiseaux chantants et des ensoleillées.

Et depuis ce temps-là, — effet étrange des associations d'idées, — quand une République est proclamée quelque part, je me demande toujours qui a été cocu ce jour-là.

CONTE DE MI-CARÊME

CONTE DE MI-CARÊME

I

Un peu gras alors? Non! simplement grassouillet, comme j'aime les demoiselles aujourd'hui que je n'ai plus les effroyables appétits de mes vingt ans. Car, avec un retour mélancolique sur mon âge, je me remémore mes belles exigences charnelles d'autrefois. Il n'en faut plus tant aujourd'hui pour me contenter. Non pas cependant que j'en sois venu à me satisfaire avec des fesses de carême. J'ai moins faim que par le passé ; mais j'aime encore que mon dîner me soit servi dans une copieuse vaisselle et que les mets y soient, tout au moins, entrelardés.

Aussi n'ai-je renoncé non plus au gros rire qui m'a fait conspuer des délicats, enfants sans pères probablement, — car nos pères étaient terriblement joyeux et peu difficiles sur leurs sujets de gaieté. Béroalde et Bonaventure leur furent des classiques du chevet. Puisque la jeunesse m'a fui, je veux, au moins, m'imaginer que je suis leur contemporain et, comme eux, narrer, à ma fantaisie, toutes les saugrenuités qui me passent à l'esprit, quand je suis las des plus hautes pensées. Heureux ceux qui peuvent vivre toujours dans la sublimité de leurs amours et de leurs rêves ! Je n'ai pas été de ces heureux-là. Je ne me suis pas coupé les pattes dans l'incertitude d'avoir des ailes. Tout en croyant au ciel plus que quiconque, j'ai senti souvent le besoin de la terre où je ne renie pas mon berceau, très près des tombes où dorment les cendres augustes des grands rieurs et des grands diseurs de billevesées d'autrefois !

Suis-je assez excusé, Mesdames, pour l'aventure d'un goût douteux dont j'entreprends le récit, cependant que les premiers cornets des masques saluent une aube embrumée ; que les blanchisseuses ont commencé leur déguisement et que les battoirs libres, le long des eaux impolluées par le savon, causent sournoisement et se content tout bas les amourettes de leurs maîtresses ; que les étudiants, mes amis de dimanche, s'apprêtent à la cavalcade où caracolera leur gaieté, par les rues noires de bourgeois dans la voie lactée des confetti et les caprices multicolores des serpentins. Il m'est bien dû, à moi aussi, un peu de cette grande joie carnavalesque qui fait braire jusqu'aux ânes dans les champs, révérence gardée pour toute comparaison blessante entre eux et moi. Je n'ai jamais eu l'honneur de conduire des proscrits en Egypte et de porter un dieu sur mon dos.

Allons donc chercher un peu de soleil dans mon vieux pays languedocien. On y fait la mi-carême jusque dans les moindres villages, en mangeant des crêpes sautées dans de l'excellente graisse d'oie extraite des hauts pots de grès pleins de confits.

Dans une aimable petite cité, sise entre Castelnaudary, gloire des cassoulets, et Toulouse la Romaine, madame Roubichou n'avait pas manqué, hier, à cet usage, — c'est par télégramme que j'en ai été immédiatement instruit. — Elle avait, dès le matin, battu la pâte savoureuse où le lait n'avait pas été épargné, ni les œufs frais. Puis comme, là-bas, on mange les crêpes froides, en manière d'entremets sucré, elle en avait fait une pile de douze, minces comme du papier à cigarettes, pour régaler, au déjeuner, elle-même d'abord, puis son animal de Roubichou, son ivrogne de mari. Et, pour les préserver d'un reste de tiédeur désagréable, les avait-elle mises sur la fenêtre toute embaumée du parfum lointain des violettes. Car cette fleur ionienne emplit les champs de ce beau pays. J'ai même fait un sonnet sur elles dont je purifierai, comme d'un encens parnassien, cette odorante histoire :

Nos violettes méconnues
Plants par les Niçois méprisés,
Comme les lèvres sont charnues,
Les lèvres pleines de baisers !

D'Ionie elles sont venues
Sur l'aile des vents alizés,
Et des nymphes dans les bois nues,
Les corps divins s'y sont posés.

C'est d'eux que leur vivace haleine
Garda l'arome dont la plaine
S'embaume quand vient leur saison.

Ce parfum qu'elles ont en elles
Emplit de caresses charnelles
L'air où monte leur frondaison.

Mais revenons à madame Roubichou, l'excellente commère qui gasconnait à impatienter les pies et qui avait été un joli brin de brune avant de devenir une copieuse quadragénaire, appétissante encore pour les jouvenceaux qui ont entendu dire malhonnêtement que les meilleures soupes se font dans les vieux chaudrons. Or, quand vint l'heure du déjeuner, Roubichou ayant déjà pris ses deux ou trois apéritifs quotidiens au café Cascamille, madame Roubichou eut une douloureuse surprise. Une des crêpes, et la plus sucrée, manquait à l'appel et, comme elle n'avait pas vu le chat du voisin Rothenflûte allonger sa patte de velours jusque sur la croisée, cette disparition d'un douzième provisoire du dessert projeté lui apparut comme l'effet d'un maléfice, superstitieuse qu'elle était comme toute brave fille de sang latin. L'événement lui parut tellement gros de menaces surnaturelles et de sortilèges à redouter qu'elle n'osa même pas en parler à son mari, de peur de troubler sa digestion, et préféra, la pauvre ! se contenter, pour elle-même, de cinq crêpes pendant qu'il mangeait intégralement ses six. Il y avait là certainement un tour de l'esprit malin, un miracle de mauvaise qualité sur lequel elle consulterait la sagesse de toutes les commères du quartier, quand Roubichou serait retourné au café, ce qui ne devait pas tarder d'ailleurs. Seulement il prit le chemin des écoliers, sans s'arrêter, chez quelques amis qui avaient à lui faire goûter du vin nouveau.

II

Dans le faubourg, là-bas, où les maisons plus rares apparaissent au milieu de jardins, en une des plus coquettes de ces villas bourgeoises, on fait maintenant aussi des crêpes, mais pour le dîner seulement. Ici nous sommes non plus chez de vieux époux, mais dans un véritable nid d'amoureux. Marcellin est un beau gars aux yeux noirs comme des canons de fusil où la poudre fume encore, et Paulette est un délicieux agneau d'amour toisonné de nuit avec une jolie chevelure crépelée lui donnant un air vaguement tzigane, fille du pays toutefois, ayant appris à chanter en écoutant chanter les cailloux de la Garonne, et potelée, la mâtine ! et chatte en ses moindres façons, l'endiablée ! Ces deux enfants étaient exquis à voir dans les mille futilités de leur tendresse ; jouant plus qu'ils ne vivaient, légers comme les papillons qui palpitent de l'aile autour des roses. Ces roses-là c'étaient leurs bouches, leurs belles bouches fraîches de vingt ans où les baisers entretenaient la délicieuse humidité des matinales roses, fleurs jumelles qui se cherchaient en dehors de la même tige, fleurs d'amour ouvrant sans cesse leur cœur à l'aiguillon d'invisibles abeilles.

Eux aussi — j'entends Marcellin et Paulette — confectionnaient cette carnavalesque pâtisserie, mais ensemble, en se faisant un amusement de cette cuisine de poupées. Il fallait le voir la poursuivre à travers la chambre, elle tenant à la main sa poêle qu'il lui voulait voler pour faire sauter lui-même la crêpe déjà dorée qui s'étendait en un sonore rissolement. Et, durant cette poursuite, les sarments secs pétillaient, joyeux, dans l'âtre, secouant, dans la haute cheminée brune, des constellations de petites étincelles. Au fond, il se moquait pas mal de la poêle et de l'honneur d'avoir retourné la crêpe. Mais ça lui était une occasion de saisir Paulette un peu partout et de se briser les ongles au marbre vivant qui s'arrondissait sous sa jupe, ou bien encore de la saisir par le cou et de lui rejeter la tête en arrière pour la baiser à pleine bouche pendant que ses cheveux dénoués lui caressaient, à lui-même, la gorge délicieusement.

Dans une de ces luttes pour ce que la vie a de meilleur, — le baiser, — la poêle fut si véhémentement secouée qu'elle s'envola par la fenêtre ouverte, ce qui les fit rire aux larmes, par la fenêtre dont les obliques clartés du soleil déclinant déjà doraient un des angles s'arrêtant, à l'ombre bleue, d'un trait dur.

Un homme riait infiniment moins de l'aventure, un homme dont ils eussent pu entendre le léger cri, si le bruit de leurs propres embrassades ne l'eût étouffé. C'était notre sacré Roubichou qui, ayant trop bu de vin nouveau, chez ses amis de la banlieue campagnarde, était venu, sous les fenêtres, là précisément, se dévêtir postérieurement pour une maléolente besogne, si bien qu'au moment même où il abaissait son haut-de-chausses pour se mettre les assises à nu, la crêpe brûlante, lui effleurant seulement le derrière, tombait au fond, toujours étalée en éventail. Juste à point, des passants apparurent au revers de la route, dont la venue le força à se reculotter en enfermant l'ennemi dans sa forteresse de drap, — tel le jeune Spartiate dont un renard, caché sous sa robe, dévora le mésentère, — la pâte chaude constituant à son pantalon une doublure tout à fait douloureuse pour lui. En cette fâcheuse toilette, il dut reprendre le chemin de sa maison, toujours dérangé par des importuns du projet qu'il avait d'en finir avec ce supplice en expulsant la prisonnière violemment. Quand il rentra, son martyre l'avait tellement anéanti que, se sentant sans forces et près de défaillir, il appela sa femme pour l'aider à se déshabiller. Madame Roubichou, très inquiète, abattue elle aussi par le mystère qui continuait à planer sur la crêpe perdue, commença par le bas. Quand elle vit l'intérieur du haut-de-chausses où l'œuvre culinaire du couple Marcellin se pavanait encore :

— Ah ! Dieu soit loué ! s'écria-t-elle. On m'avait bien dit qu'en invoquant saint Antoine de Padoue, je la retrouverais !

Mesdames, toutes mes excuses et dansez bien !

LA DONNA È MOBILE

LA DONNA È MOBILE

I

Lorsque vous choisissez pour compagne illégitime une personne ayant déjà un époux, c'est bien moins à elle qu'il faut faire attention qu'à l'homme à qui vous vous associez dans la plus intime et la plus périlleuse des commandites. On finit toujours par s'habituer au physique d'une maîtresse, mais non pas au caractère d'un ami. Etant destiné vraisemblablement à passer, avec celui-ci, de longues heures pour les quelques minutes que vous donnera de temps en temps votre bonne amie, c'est de lui surtout qu'il faut exiger les vertus qui embellissent l'existence et font la compagnie agréable. Si j'ai un conseil à vous donner, jeunes gens contemporains, en retour de la sympathie dont vous m'avez fourni, il y a trois jours encore, une preuve éclatante (ô étudiants de Paris, je ne veux plus écrire que pour vous !), choisissez de préférence, pour lui conférer ses grades universitaires de cocu, un homme de bien. Car, en vérité, je vous le dis, on finit toujours par se lasser de la société des coquins, outre qu'ils vous peuvent jouer de très méchants tours. J'ajouterai que l'adultère est déjà, par soi-même, une chose suffisamment blâmable pour qu'il faille éviter de l'aggraver en l'encanaillant. Gardons l'excuse d'un homme ayant fait preuve de goût. Achille et Patrocle, Oreste et Pylade, Nisus et Euryale, exemples de l'antique amitié, n'avaient pas eu besoin de femmes entre eux comme lien réciproque. Mais nous avons maintenant le préjugé d'affections plus complexes... Dieu merci !

Ces principes indéniables, en vain avais-je tâché de les inculquer à mon ami Pierre. C'est avec une indignation comique qu'il subissait les exigences d'une nature ardente et révoltée. Détestant foncièrement le vice, il avait horreur des filles, et incapable des sublimités austères du célibat il était conduit, comme tout le monde, à aimer les femmes des autres. Mais les autres, il les choisissait en vertu de principes diamétralement opposés à ceux que je viens de proclamer. Redoutant, avant tout, le remords, comme tous ceux dont la conscience vagit encore dans ce siècle aux vertus silencieuses, il s'était imposé une barrière ou plutôt fixé un idéal : ne jamais tromper un honnête homme ! Il devait à l'observation de cette foi d'avoir fréquenté les plus infectes vadrouilles de ce temps fécond en menteurs, en voleurs, en gredins de toutes sortes, panamistes, anarchistes et autres, si fécond que je propose un décrottoir pour les mains à l'usage des gens qui fréquentent le boulevard. Il avait beaucoup souffert de cette société, laquelle n'était pas même mêlée. Il eût mieux fait de remarquer et d'imiter la prudence du coucou qui ne va pas pondre ses œufs au hasard, comme le croient les naturalistes superficiels, mais prend, au contraire, pour reliquaire de sa postérité, les nids les plus propres et les mieux soignés par leurs légitimes propriétaires. Non ! cet imbécile (pas le coucou, mais Pierre) trouvait une amère consolation à se dire : « Au moins, celui que je trompe méritait bien son sort ! »

Heureusement que l'amour se fiche de nos théories comme de simples fauteuils à l'Académie, exemple que devrait bien imiter le plus grand romancier de ce temps, — ô mon maître Banville, combien peu possèdent ton ironique sagesse ! — Quand Pierre s'éprit de la femme du professeur Asinus, il savait cependant à merveille que celui-ci passait pour un modèle de vertu, d'intégrité, de bienfaisance et d'érudition. Mais qu'est-ce que tout cela auprès d'une admirable chevelure, d'une bouche au sourire tentant, d'une gorge aux fermetés visibles, même sous l'injure du vêtement, d'un fessier dont saint Lunaire, un grand saint breton, s'il vous plaît, eût accepté avec orgueil d'être le patron ! Ne croyez pas que ce fût le professeur Asinus qui, par surcroît, eût tous ces charmes. Non ! c'était madame Asinus dont, en plus, la coquetterie était la plus étrange du monde. En de simples discours, sous couleur de la plus banale des conversations, elle avait su renseigner admirablement Pierre sur tout ce qui était aimable en elle. Elle avait su lui décrire du bout des lèvres, en riant, par des mots qui semblaient dits avec indifférence, mais qui mettaient des brindilles enflammées aux moelles du malheureux garçon, de quoi décider saint Antoine lui-même à être son propre cochon. Pierre se sentait devenir fou à la seule idée de posséder une femme pareille. Car ce n'était pas un sot, et il avait fort bien compris qu'il y avait quelque bienveillance pour lui au fond de ces indiscrétions. Mais quand il rentrait en lui-même, c'était pour se désespérer et s'écrier dans son for intérieur, à l'instar du grand monologuiste de la Comédie-Française : « Eh quoi ! ce monde est rempli de misérables dont le faux honneur ne mérite pas deux sous de considération, qu'il est vertueux de trahir et méritoire de vilipender jusque dans leur lit, et j'irais choisir le plus homme de bien de mon époque pour lui faire de conjugales mistoufles ! » Et volontiers se fût-il donné du pied au derrière devant son miroir, pour mieux savourer son humiliation. Et il prenait la ferme résolution de ne la plus jamais revoir.

II

Mais il est une chose dont l'amour se fiche plus encore que de nos théories : c'est de nos résolutions.

D'ailleurs, après des assiduités remarquées, n'aurait-il pas compromis désastreusement la femme qu'il aimait en disparaissant sans motifs apparents? Cette remarque induisit Pierre en un ordre d'idées tout à fait nouveau. Il la reverrait! Il la reverrait beaucoup! Il deviendrait l'ami le plus intime du professeur. S'il n'y a pas de grands hommes pour leurs valets de chambre, il y en a bien moins encore pour leurs amis intimes. Il sonderait la vertu de ce savant austère et vraisemblablement — nul n'étant parfait — il y découvrirait quelque tare, ce que les juifs appellent « crapaud » quand ils causent diamants. Mais je le reconnais à l'honneur de l'espèce dont Sarcey, ce Nanterréen, est la plus pure gloire, plusieurs mois d'observations assidues et d'expériences consciencieuses ne lui firent rien reconnaître de fâcheux pour la renommée de sa future victime, laquelle renommée continua à lui paraître absolument méritée. (C'était à dégoûter de l'humanité, vraiment!) En revanche, il s'enamoura de plus en plus de madame Asinus dont quelques familiarités imprudentes lui avaient confirmé les délicates révélations. Car on ne se trouve pas sans cesse avec une femme, sans que les caprices charmants du voisinage et les hasards délicieux du toucher vous apprennent infiniment de choses sur elle. L'apôtre saint Thomas pouvait être un incrédule, mais ce n'était certainement pas un imbécile.

Plus obstiné, en même temps et à la fois, dans sa passion et dans son scrupule, — ce qui est très humain par le seul fait que ce n'est pas logique du tout, — il conçut alors un plan vraiment machiavélique et audacieux : celui de tendre lui-même des pièges à la perfection de son ennemi et de l'induire en des tentations où il finirait bien, que diable ! par succomber. Il consacra à cette œuvre de perdition toutes les forces d'une intelligence fouettée par le désir et toute la finesse d'un esprit surexcité par de longues souffrances. Comment trouvez-vous ce monsieur qui en vient là par simple respect de la vertu ? Corrompre un honnête homme pour ne tromper qu'un coquin ! Comme l'amour, qui se fichait déjà de nos théories et de nos résolutions, se fiche aussi de notre fausse probité !

III

« Fragilité, ton nom est femme ! » De quel nom appellerons-nous alors les défaillances de l'homme ? Ce professeur Asinus qui n'avait aimé jusque-là que ses livres, au point d'en négliger absolument même sa femme, se laissa pousser dans l'abîme avec la docilité d'un enfant ; il le trouva si agréable qu'il commença de s'y rouler comme un baudet dans les chardons, brayant des tendresses à tous les vents et même, par contre-coup, jusque dans le lit conjugal. Ce qu'il vous prit une revanche de sa longue sagesse ! Salomon lui-même ne donna qu'un moindre exemple de cette détente toute particulière à ceux que j'appellerai, pour faire plaisir à Grosclaude, les anciens continents. Nouveau Faust, il se trouva en possession d'un printemps de la Saint-Martin dont beaucoup de plus jeunes que lui se seraient contentés. Les idylles lui sortaient de partout en feux d'artifice. Ses élèves, ceux-ci consternés et ceux-là réjouis, le rencontraient en bonne fortune à tous les carrefours du guilledou. Il folâtrait aussi dans la bourgeoisie et cocufiait imperturbablement d'autres professeurs, ses anciens amis, ses vieux compagnons d'*Epitome*. Il attenta même à la noblesse dans la personne dodue d'une dame de Saint-Cucufa, comtesse du pape, dont les aïeux avaient dirigé la manutention aux croisades. Tout lui était bon, comme une spirituelle princesse l'a dit de Louis XV, dans ce nouveau genre d'enseignement.

Ah ! ce que Pierre triomphait ! Il se frottait les mains, en se congratulant de son idée sublime, en se gaudissant cyniquement du néant de la vertu, en se réjouissant à l'idée que nul homme, au monde, ne méritait qu'on le respectât dans son conjugal bonheur ! Et comme un bon mouchard, comme un greffier consciencieux, méthodiquement, sur des calepins, avec une colonne rouge pour inscrire les chiffres, il enregistrait, il verbalisait, il accumulait les preuves de l'infamie d'Asinus.

Quand il en eut à peu près gros comme un Bottin, il s'en fut, son dossier sous le bras, en bailler lecture, en audience particulière, à celle dont ne le séparait plus aucun cri de sa conscience. Non, ce ne fut pas l'indignation et le désir de la vengeance, qu'il lut, comme il s'y attendait, sur le noble et mobile visage de madame Asinus. Tout au contraire, un sentiment de sympathique admiration et de confiance dans l'avenir, quelque chose comme l'impression d'une découverte agréable, d'une surprise bienveillante.

— Eh bien, qu'en pensez-vous, ma chère âme? dit-il en manière de conclusion, à deux genoux devant l'adorée.

— Je pense, lui dit-elle en lui montrant la porte, que vous êtes un impertinent et que vous n'avez plus rien à faire ici.

— Et pourquoi? murmura-t-il atterré.

Elle lui répondit le plus simplement du monde :

— Mais, monsieur, parce que j'aime mon mari!

PREMIER PÉCHÉ

PREMIER PÉCHÉ

I

O Toulouse, cher nid de mes souvenirs! Dans ton ciel bleu, même avant le printemps, c'est comme une envolée de mes premières tristesses et de mes premières joies. Chacun de tes pavés, sous l'humide rayonnement du soleil hivernal, est comme un grain étincelant du chapelet dont le temps a brisé le fil! O Toulouse, dès que je te revois, comme j'aime à me rappeler! Goûtons encore cet amer et délicieux plaisir!

Octobre avait jeté sa poussière de rouille sur les grands arbres du jardin de ma vieille tante Lucile, à Saint-Cyprien, derrière la coulée d'ocre et de bleu clair qu'est, en cette saison, la Garonne. La pièce d'eau ne reflétait plus qu'un ciel opalin, aux heures matinales, un ciel traversé de rares veines d'azur et rayé de cuivre à l'horizon ; quelques feuilles sèches couraient déjà sur les gazons couchés par les premières ondées ; les roses trémières, elles-mêmes, livraient au vent leurs pétales de chair tendre. La grande mélancolie automnale était descendue sur toutes les choses et retentissait dans les appels inquiets des oiseaux voyageurs. Mais ni les merles sautillant sur les menues branches déjà dépouillées, ni les rouges-gorges devenus plus familiers par l'approche de l'hiver, ni les fauvettes dont le plumage absent se confondait avec les verdures flétries, n'étaient assurément aussi tristes que moi. Vous devinez bien, n'est-ce pas? que cette tristesse prématurée ne me venait pas du deuil, souriant encore, de la Nature. J'étais à l'âge — celui des dernières vacances — pour lequel les saisons se succèdent comme les tableaux d'une éternelle féerie, et où l'hiver apparaît comme un grand arbre merveilleux auquel pendent les cadeaux de Noël, les étrennes enveloppées de familiales caresses, et dont les fruits sont des boules de neige aux écrasements étincelants. Les adieux dorés des précédents étés avaient passé dans l'air, sans jeter une ombre sur mon front, si rapidement mêlés aux bienvenues verdoyantes du printemps suivant qu'à peine je les avais distinguées. C'est qu'une nouvelle morose, et dont toutes les conséquences m'apparaissaient déjà avec une prophétique netteté, aggravait singulièrement, pour moi, l'impression désespérée du ciel obscurci, de l'eau sans joyeux mirage et des tilleuls sans feuillée.

J'avais appris que ma vieille tante Lucile, décidée à entrer dans un couvent à Toulouse, tout près de Saint-Etienne dont elle adorait le carillon, allait vendre sa maison de Saint-Cyprien, ce petit coin de terre qui était comme la patrie de toutes les joies de mon enfance et le berceau de toute une vie de souvenirs que l'homme commence bien plus tôt qu'il ne le croit. C'était ma première étape dans la route, longue aujourd'hui déjà, des séparations cruelles. Car j'avais deviné bien vite que je ne reverrais plus que rarement ma petite cousine Paulette.

J'ai bien souvent cherché à me rappeler comment je l'aimais, cette petite fille aux yeux noirs comme des airelles, aux cheveux embroussaillés, fille d'un parent mort, et que ma tante faisait venir aussi chez elle, pendant ses vacances du pensionnat des demoiselles de Pamiers. Rien de fraternel, en effet, dans le sentiment qui m'attirait vers elle, me soumettait à ses moindres volontés, me faisait son esclave. Tout, en moi, était d'un amant, excepté cela même qui, seul, fait l'amant. Il m'est arrivé de me dire depuis que ces innocentes joies du désir, que rien n'assouvit ni ne paie, sont les plus douces du monde et les plus intenses. Elles me font même, je l'avoue, envisager, sans terreur, la seconde enfance vers laquelle l'homme redescend au déclin de ses viriles années. Respirer une haleine de femme, en sentant des frissons par tout le corps; deviner sa présence avant que le bruit de ses pas vous la révèle, à je ne sais quel parfum lointain plus subtil que celui des fleurs; s'enivrer du son de sa voix, comme d'une musique, et boire, dans ses moindres regards, mille inquiétudes charmantes; penser que le monde tout entier, y compris la splendeur du ciel et la gloire des floraisons, ne devrait être qu'un tapis aux pieds mignons de son amie; adorer ses perfidies réelles à l'égal de ses imaginaires perfections... je vous assure que tout cela constitue un état de l'âme tout à fait enviable et auquel nul autre n'est supérieur ici-bas. Les hommes qui s'en contentent, à une certaine époque de la vie, passent généralement pour des imbéciles. Moi, je ne suis pas loin de les considérer, au contraire, comme des raffinés.

Eh bien, il y avait quelque chose de tout cela, au raffinement près, Dieu merci! dans l'affection si vive, si jalouse, si uniquement sensuelle dans sa pureté apparente, que m'inspirait ma cousine Paulette. Oui, ma mie, ne vous en déplaise, non plus qu'à votre patriarche d'époux, j'étais amoureux de vous et parfaitement amoureux. Et le magistrat à qui vous avez donné tout ce que je ne songeais guère à vous demander, en ce temps-là, condamne tous les jours, pour adultère, des amants qui n'ont pas goûté, avec leurs belles, le quart de délices véritables dont votre petite personne fut la source pour moi! Je le proclame avec impudence, sûr que ce vieux décrotteur de lois ne reçoit pas l'*Echo de Paris!*

II

Hélas! en disant adieu à Paulette, je voyais, pour moi, s'évanouir aussi ce poème vain et charmant des amours, non pas innocentes — oh! non! — mais sans but fatal en marquant tout ensemble le couronnement et la fin. Non pas que j'aie toujours triomphé depuis dans les entreprises qui ont pris la place de ces simples sensations. Je n'ai pas cette fatuité. Beaucoup de péronnelles m'ont laissé, j'en conviens, sur mon appétit; mais, pour les raisons que j'ai dites plus haut, je ne leur en veux pas. Car elles m'ont donné généralement bien plus de plaisir qu'elles ne l'imaginaient. Pour qui aime vraiment la femme, il n'en faut pas tant d'elle pour être heureux! Un serrement furtif de mains peut vous secouer jusqu'aux moelles. Mais nous sommes idiotement exigeants. Et savez-vous qui nous rend ainsi? Les maris qui ne consentent à se reconnaître cocus qu'aux conditions prescrites par le Code lui-même dans sa législative brutalité. Eh bien! moi, je ne suis pas si difficile. L'esprit, sans la lettre, me suffit, et, si j'étais le possesseur authentique et légitime d'une jolie femme, il me suffirait de la surprendre, les lèvres complaisamment sur les lèvres d'un autre, pour me considérer comme un époux parfaitement outragé. Je ne sais même pas si, dans le mariage, la flirtation avec un étranger n'est pas une insulte plus grande encore que l'infidélité consommée. En effet, dans cette matière, l'injure — si injure il y a — est surtout dans le désir qui porte vers un autre celle dont vous vous croyez le droit d'exiger l'amour exclusif, ce qui, de vous à moi, est joliment bête, attentatoire au bonheur public et particulièrement ridicule dans une démocratie où il est convenu que les intérêts qui passent avant tous les autres sont ceux de la majorité des citoyens. Oui, messieurs les maris, vous avez tort d'abord d'avoir cette prétention-là, et ensuite de croire qu'il faut tant de sacrements que ça pour être cocus !

Mais tout ceci n'est qu'une longue parenthèse, une de ces incidences formidables, à la mode dans le style contemporain. Je reviens au singulier hasard qui fit coïncider ma séparation de Paulette avec la perte du capital généralement méprisé dont les adolescents du sexe fort se débarrassent avec fierté. Un rayon de poésie vivante s'envolait donc de mon ciel avec cette capricieuse enfant dont l'image, nimbée d'une nuit douce, traverse, aujourd'hui encore, mes souvenirs avec des enchantements d'étoile !

III

O faiblesse de la chair subitement mise à nu par l'envolée du rêve ! Ce n'était pas que Toine, la robuste femme de chambre, ne méritât pas les hommages d'un homme qui fit profession, depuis, d'aimer des luronnes dodues dont l'âme, insuffisante souvent, est du moins emmitouflée dans de belles viandes roses. D'elle aussi, je me souviens, et, de vous à moi, j'ai sacrifié souvent sur l'autel borgne de déesses infiniment moins bien râblées. C'était une fille de Montauban où les femmes ont des yeux noirs superbes et promènent, avec une nonchalance antique, l'orgueil de formes empreintes du sceau de la race latine. Elle aussi s'ennuyait à la pensée de ne pouvoir suivre ma vieille tante Lucile dans son cloître. Du reste, elle se fichait bien du carillon de Saint-Etienne. Elle avait d'ailleurs toujours été pleine de prévenances à mon endroit. Comment, au moment même où je me jurais de n'aimer jamais que Paulette, où j'avais le cœur si plein d'elle qu'il me débordait en larmes amères, me laissai-je si aisément et si radicalement consoler par Toine? C'est ce que les imbéciles seuls ne comprendront pas, ni votre patriarche de mari, cousine Paulette! O fidélité! Fleur artificielle germée dans le cerveau pernicieux de quelque fou, comme, du premier coup, je mesurai ton néant! Quelle rivalité idiote, quel antagonisme conventionnel sont donc possibles entre des sentiments si divers? Quel est l'être dont le cœur est assez étroit, assez stupidement méthodique et routinier pour avoir jamais aimé deux femmes de la même façon? Alors, en quoi l'amour qu'il porte à l'une fait-il tort à celui dont il honore l'autre? C'est comme la jalousie! Encore une « foutaise! » comme nous disons à Toulouse. Il faudrait que deux hommes eussent été doués par la nature de deux cœurs absolument identiques pour qu'ils reçussent, de la même femme, une impression toute pareille. Dès lors, de quel droit et au nom de quoi vouloir empêcher un monsieur de goûter des délices qui ne sont pas prises sur les vôtres? Il emprunte ses rayons au même soleil que vous, voilà tout, mais il ne vous chipe pas les vôtres. « Vous prenez du ventre! dit un personnage de Labiche à un autre. — Dites donc, il me semble que ce n'est pas le vôtre que je prends! » lui répond très sagement celui-ci.

Je ne suis pas fâché d'avoir justifié, par une bonne page de philosophie pratique, par une profession de foi sincère et élégiaque, l'apparente contradiction de ma conduite, le jour où, le cœur plein de regret de ma cousine Paulette, je fis à mademoiselle Toine l'hommage de ma vertu. Hélas! que de jours dans ma vie — j'ai la franchise d'en convenir — ont ressemblé à celui-là!

O Toulouse, qui vis mon premier péché, garde-m'en d'autres encore!

LE CERF-VOLANT

LE CERF-VOLANT

I

« Mon cher neveu,

» Il est de nécessité impérieuse que tu viennes passer la journée de dimanche à Camelle. Je donne une fête à notre illustre député Vessepoule. Tu sais que cet homme remarquable a gagné la cause du pays en nous obtenant un canal qui empoisonne toute la contrée et y a augmenté de vingt pour cent la mortalité. Tu vois ce que nous devons à cet éminent orateur. Comme doyen des pharmaciens de la contrée, je voudrais le traiter d'une façon éclatante et dont le souvenir attestât éternellement notre gratitude. Je me suis procuré ici tout ce qu'on peut trouver en fait de pétards, marrons, soleils, chandelles romaines, artichauts et feux de Bengale. J'ai même imaginé un feu volant qui fera, je crois, sensation. Mais toi qui habites Paris, à qui j'y fais faire coûteusement les études d'apothicaire de première classe, tu dois être au courant des derniers progrès pyrotechniques de la science, et tu ne dois ignorer aucune des inventions artificieuses récentes qu'ont amenées les perfectionnements de la chimie contemporaine. C'est ce que je voudrais pour éblouir notre député lui-même et en obtenir un second canal qui achèverait notre fortune. D'ailleurs je tiens à éblouir davantage encore et à faire crever de jalousie notre maire Petgalant qui cherche à absorber les faveurs du glorieux Vessepoule. Donc, à dimanche, mon doux Théophile, et crois-moi, jusqu'à l'heure de mon décès,

» Ton oncle dévoué,

» POLYDORE MOUCHETTE. »

Camelle, près Puce (Haute-Garonne).

En recevant cette lettre qui lui était adressée par son oncle maternel, Théophile Troupet, qui était en train de faire la causette avec sa connaissance Mélanie Lapoupine dans l'arrière-boutique de son patron, M. Visautrou, droguiste, rue des Lombards, eut un éclair de joie sur le visage. « Ma bien-aimée, s'écria-t-il, tu auras ton manteau de fausse loutre ! — Théophile, est-il possible ! — C'est certain ! J'ai au pays une vieille mazette d'oncle qui me demande un service. Rien ne me sera plus facile que de lui voler deux ou trois louis sur le montant de l'achat qu'il me confie. Seulement il faut que je m'en aille dimanche. — Dimanche ! mais c'est ton jour de sortie, Théophile. Ah ! tu me trompes et tu vas voir une autre femme ! — Y penses-tu, ma colombe ? — Eh bien, non, Théophile, je n'y pense pas ! » s'écria Mélanie Lapoupine, vaincue par l'accent de sincérité de son amant.

En quoi elle avait absolument tort. Car cette canaille de Théophile pensait fort bien à profiter de son voyage à Camelle, près Puce (Haute-Garonne), pour aller faire cocu le maire Petgalant dont il trouvait la femme fort à son goût. Et d'ailleurs cette excellente Mélanie n'était pas autrement navrée de l'occasion qui lui était donnée d'aller passer une journée entière à Versailles avec son sous-lieutenant.

Tout à coup une voix terrible troubla la paix de ces deux âmes pures.

— Nom de Dieu ! s'écriait M. Visautrou, voilà un client qui attend sa purge depuis deux heures. Que faites-vous donc, Théophile ?

— On y va, patron, répondit, sans se troubler, le jeune Troupet.

Et il mit un baiser aussi furtif que menteur aux lèvres gourmandes de mademoiselle Lapoupine qui, pendant tout cet entretien, s'était gonflé les bajoues de jujube comme un singe de noisettes.

Théophile, très confiant de nature et ayant d'ailleurs besoin d'un congé, lut à son patron la lettre de son oncle, aussitôt que l'impatient constipé eut franchi le seuil de la pharmacie.

M. Visautrou était tout simplement un puits de science, sous des dehors un peu bourrus.

— Mon ami, dit-il à son disciple, après un moment de réflexion, la science possède aujourd'hui une matière jouissant de la singulière propriété d'emmagasiner, durant le jour, la lumière solaire pour la restituer, pendant la nuit, à l'état de clarté demi-lunaire. On s'en sert déjà, depuis dix ans, pour faire des briquets et des montres lumineuses dans l'obscurité. J'en préparerai pour vous à l'état de pâte demi-liquide, et, en arrivant à Camelle, vous vous en servirez pour écrire sur une plaque, ou sur une étoffe un peu forte, quelque inscription que vous dictera le patriotisme de votre oncle auguste à l'endroit de son député, inscription que vous pourrez agrémenter d'une devise allégorique comme on en a tant composé à l'occasion de la visite des Russes à Paris. Vous exposerez le tout au grand jour dans un endroit solitaire, puis vous le couvrirez, pour empêcher toute déperdition de la lumière emmagasinée, d'un voile épais que vous n'enlèverez qu'au moment où, ayant mis l'objet à la place choisie par vous, vous en voudrez faire resplendir l'illumination mystérieuse. Le moment le mieux choisi serait, je crois, après le bouquet, la calme permanence de ce nouveau jeu de lumière devant faire une opposition charmante avec les pas sagères et bruyantes splendeurs des dernières fusées.

— Mais cela coûtera les yeux de la tête ! dit Théophile inquiet.

— Je le vendrais cinq louis à un autre. Mais pour vous, mon cher élève, ce sera cent sous seulement. J'y gagnerai encore trois francs. Seulement vous ne ferez plus languir ainsi l'huile de ricin, pendant que les clients attendent.

— Je le jure sur les mânes d'Hippocrate ! s'écria Théophile vraiment touché de tant de désintéressement.

Et il pensait *in petto :* « Quelle fausse loutre magnifique j'aurai avec ce petit bénéfice-là ! »

II

Quand il arriva, le dimanche matin, à Camelle, son oncle, après l'avoir embrassé, lui confia immédiatement le secret de son feu volant. Ah ! c'était simple jusqu'à la bêtise et vraiment le sieur Polydore Mouchette n'avait pas compromis son cerveau par un surmenage, à cette occasion ! A la corde d'un simple cerf-volant, comme en ont les enfants, pour leurs jeux aériens, il avait l'intention de suspendre, par un crochet, une coupelle légère, comme on les emploie dans les laboratoires, dans laquelle flamberait un feu de Bengale. Cela devait réaliser, dans son idée, une manière de feu follet coloré tout à fait propre à impressionner le populaire et son représentant.

— A ton tour de préparer ta surprise, avait-il dit ensuite à son neveu. Je veux que c'en soit une, même pour moi !

Théophile se retira dans un pavillon qui était au fond du jardin. Là, ayant étendu, par terre, une longue bande de soie doublée de carton flexible, il suivit, de point en point, les instructions de son patron, le distingué Visautrou, et y traça, d'un large pinceau, une devise surmontée d'un emblème glorieux. Puis il étendit le tout sur l'herbe, en plein soleil, de façon que la pâte dont avait été trempé son pinceau s'imprégnât, comme il convenait, de clarté. Après quoi il rentra à la maison où il trouva le maire Petgalant et sa moitié... Sa moitié ? Non ! son double ! devrais-je dire. Car la noble dame en faisait au moins deux comme son mari, bien en chair comme elle était, joufflue, rebondissante, capitonnée, tétonnante, ventripotente et callipétardière à l'envi, un beau tronçon de gelée de marbre tout à fait apéritif aux jeunes gens, comme Théophile, qui estiment volontiers que la quantité est déjà, en amour, un élément de la qualité, ce dont je doute quelquefois aujourd'hui. Avec eux était en visite le député Vessepoule. Théophile, qui avait remarqué le goût de celui-ci pour la copieuse madame Petgalant, en fit une grimace de dépit. Ne vit-il pas le parlementaire offrir son bras à madame la mairesse pour faire un tour dans le jardin, cependant que cet imbécile de Petgalant et son oncle Mouchette causaient de la nécessité du second canal.

— Je les suivrai ! s'écria-t-il furieux.

Mais, juste à ce moment, son oncle lui dit :

— Oblige-moi, mon garçon, de passer chez le pâtissier Clignefesse et de t'assurer qu'il t'enverra le vol-au-vent pour sept heures.

Quand il rentra, il courut à son inscription, pour empêcher que ses propriétés lumineuses ne s'absorbassent dans le vide. Il lui sembla — illusion sans doute !... — que la soie de son dessous de carton avait légèrement changé de place dans l'herbe.

III

Pan ! bzing ! boum ! f'f'f'uuu ! pan ! pan ! pan ! f'f'f'uuu ! boum ! boum ! boum !

Ça, c'est le feu d'artifice. Vous le voyez comme moi, n'est-ce pas ? avec ses gerbes d'étincelles, ses chutes d'étoiles multicolores, ses éclaboussements de poudre enflammée, ses tournoiements de perles d'or, ses poussières incandescentes. Tout était retombé dans l'ombre et dans le silence. C'était le moment qu'attendait impatiemment le facétieux Mouchette pour lancer son feu aérien. Il prit donc furieusement sa course sur la pelouse pour amorcer l'ascension du cerf-volant, ascension que favorisait d'ailleurs un joli vent du nord. L'enlevée fut rapide, mais l'effet ne fut pas ce qu'en attendait l'ingénieux praticien, la soucoupe où était le feu de Bengale s'étant décrochée et celui-ci étant tombé à terre, à peine allumé. Le pis est que l'hameçon, désormais libre, au bout de la corde, s'en vint se ficher, par une incroyable fatalité, dans les jupes de madame Petgalant et, suivant le mouvement du cerf-volant, retroussa la pauvre dame jusqu'au-dessus des hanches, la faisant tournoyer, ainsi nue par le bas, toute affolée dans la clarté agonisante du feu de Bengale. Quand celui-ci s'éteignit, un spectacle vraiment miraculeux s'offrit au public de cette fantastique scène : sur le majestueux postérieur de madame la mairesse, toujours au vent, on pouvait lire, dans un encadrement de petits amours, en lettres immenses et lumineuses comme celles du *Mané, Thécel, Pharès* biblique, ces mots :

*Offert par la commune de Camelle
à son député Vessepoule !*

Aussi pourquoi madame Petgalant avait-elle été s'asseoir sur l'herbe avec le député, avant le dîner ?

MISS.

MISS

I

J'ai quelquefois médit de la beauté anglaise, par patriotisme d'abord, par exaltation inconsciente du sang latin, par cette autre raison encore qu'aucune miss ni milady ne m'a jamais honoré de ses faveurs. Car personne, en amour, n'est plus reconnaissant que moi. Je conviendrai cependant que miss Nelly Chester-Clark était digne d'être remarquée et même aimée. Car c'est, après tout, une sérieuse beauté que celle qui consiste à porter, sur le visage, un bouquet de lis dont les étamines d'or jaillissent et débordent du calice en blonde et soyeuse chevelure, dont l'impeccable blancheur n'est variée que par deux myosotis figurant les yeux et une rose formant la bouche. Les montagnes de neige dont l'aurore rose à peine des sommets donnent aussi une idée de ces teints à la blancheur étincelante. Le charme alangui, dans son ardeur devinée, de mes chères Toulousaines, me semble plus immédiatement sensuel, mais il serait injuste de nier tout ce que celui-là a de réel et de pénétrant. La vigueur des races nouvelles (moins qu'en Russie cependant, comme me l'apprit mon récent voyage) s'accuse dans ces belles filles à la marche presque virile. On dirait que le sol natal des mers originelles les tonifie. Sans doute Vénus a besoin de se retremper quelquefois dans les eaux maternelles pour y rajeunir les splendeurs de la chair féminine. On plaisante volontiers la longueur des extrémités des demoiselles anglaises. Ceux-là ne se sont peut-être pas aperçus que, dans les statues les plus célèbres de l'antiquité, les pieds et les mains se distinguent par la correction de leur dessin et non par l'exiguïté de leur volume. L'idéal des Chinois n'est pas celui de Phidias. Et maintenant l'oreille bientôt béatifiée de sainte Jeanne d'Arc me pardonne ces concessions à la grâce des filles d'Albion! Le fait est que miss Chester-Clark était charmante.

Ce fut la remarque que fit, deux jours après son arrivée à Londres, le jeune Gaétan des Andives, que sa mère y avait envoyé, pour le distraire des plaisirs un peu trop faciles de Paris, à la suite d'une réunion de famille où les bêtises prématurées de Gaétan avaient été justement flétries. On l'avait adressé à l'oncle même de cette exquise Nelly, le révérend Jonathan Stitton dont la maison était hospitalière aux jeunes gens ayant besoin de quelque surveillance. On l'avait, dès son arrivée, installé dans une chambrette virginale, toute tapissée de devises bibliques, de conseils chrétiens, de versets évangéliques. Juste au-dessus de son lit était inscrit ce sage axiome : *Fais le bien tous les jours!* « Je ne demande pas mieux, avait pensé Gaétan. Mais comment? » L'âge de milady Stitton, la femme du révérend, ne lui permettait aucun rêve de ce côté. Pour la première fois, l'adultère lui apparaissait comme une chose vraiment fâcheuse. L'idée de tromper cet hôte confiant ne lui inspirait que du dégoût. L'honneur conjugal d'un prêtre lui apparaissait comme la chose la plus sacrée du monde. C'était un retour évident à la vertu, un premier pas dans ce chemin de Damas qui le devait conduire à la perfection morale et en faire un homme aussi estimable qu'ennuyeux. Ce n'était pas seulement le spectacle du calme bonheur du révérend derrière sa table chargée de gâteaux secs et de thé tiède qui le sauvait de la tentation. Les tire-bouchons grisonnants, les longues dents jaunes, les grands doigts tordus en sarments et les lunettes bleues de la révérende entraient certainement pour beaucoup dans sa soudaine conversion.

C'est alors qu'il aperçut, venant voir sa vénérable tante, miss Nelly Chester-Clark, dont la mère, sœur du révérend Stitton, avait épousé, en secondes noces, sir Hector Chester-Clark, banquier et philanthrope, dont la devise était : « Du pain pour tous et du gâteau pour moi ! » inventeur d'un nouveau Mont-de-Piété où l'on prêtait en nature et où le pauvre pouvait facilement échanger une excellente couverture contre un méchant morceau de bœuf bouilli. Un homme bien recommandable, ma foi, et qui avait fait une fortune considérable, en soulageant l'humanité d'un tas de riens dont il avait su tirer un excellent parti. Ne me parlez jamais des gens qui font l'aumône ! C'est humilier l'homme que de lui donner, surtout quand il a faim. Nous marchons vers un idéal social d'où la charité sera bannie et remplacée par un art de s'exploiter si habilement les uns les autres que tout le monde y deviendra riche aux dépens d'autrui. Le bon sir Hector Chester-Clark était de cette généreuse école.

II

En bon artilleur français qu'il aurait pu être, en entrant à l'Ecole polytechnique, par exemple, au lieu de manger son bien en herbe avec les filles, notre précieux Gaétan eut bientôt dressé ses batteries. Ce serait une bonne leçon à donner à ses parents, et notamment à madame sa mère, que profiter de ce voyage moralisateur pour mettre à mal une aussi jolie personne, et de famille aussi estimée, que miss Nelly Chester-Clark, nièce de son hôte le révérend Jonathan Stitton. Mais il avait compté sans les moyens de défense très particuliers dont les demoiselles anglaises protègent leur vertu. Il ne se trouvait pas devant une de nos petites dindes provinciales à qui si aisément on conte fleurette. Toute cette beauté souriante se hérissa de surprises. Tel un astre s'enferme dans le rayonnement de ses flèches d'or. A ce délicieux porc-épic il commença par se déchirer les doigts. On le laissait avancer, mais pour répondre à la moindre attaque par quelque formidable riposte. Ces belles allures de liberté, ces façons presque garçonnières, cachaient une volonté de résistance impossible à vaincre, un désir cruel de tenter sans jamais accorder rien, une déception sans cesse renouvelée. Il aurait dû s'en douter à la facilité avec laquelle on le laissait avec cette charmeresse. Il avait cru d'abord à une imprudence de son oncle, puis à une velléité sympathique de l'avoir, lui-même, pour neveu. Il s'aperçut bientôt que c'était un jeu dont tout le monde s'amusait autour de lui, et sa passion, maintenant réelle, pour cette étrange créature, ne s'en exaspérait que davantage. Il avait bien entendu dire qu'en lui manquant de respect résolument il serait contraint de l'épouser, ce qui était, au fond, le seul moyen qui lui restât de coucher avec elle, excuse suprême du mariage qui, bientôt, au train dont vont nos lois, n'en aura plus d'autres. Une fois familiarisé avec cette idée, il se dit qu'il était infiniment plus simple et plus galant d'aller au-devant de l'événement fatal, sans s'y faire forcer par les institutions de sa nouvelle patrie. Un beau matin donc, le jeune Gaétan des Andives, après avoir relu au-dessus de son lit le salutaire conseil de « faire le bien tous les jours » et revêtu un complet plus cérémonieux que les autres, une fleur symbolique à la boutonnière d'ailleurs, s'en fut demander au révérend Jonathan Stitton et à son beau-père par procuration, le banquier si philanthrope Hector Chester-Clark, la main de miss Nelly dont il s'était assuré l'assentiment en un entretien antérieur dans lequel il avait sollicité vainement les arrhes d'un simple baiser. « Êtes-vous bon huguenot ? » lui demanda le vénérable pasteur. Et Gaétan le rassura en lui contant toutes les mistoufles dont la révocation de l'édit de Nantes avait été l'objet pour sa famille. « Vous étiez digne d'être Anglais ! » lui dit avec enthousiasme sir Hector quand notre des Andives eut ajouté que ses pères avaient fait une fortune considérable en exil par l'exercice de l'usure.

Et il fut convenu que, le jour même, Gaétan écrirait à sa mère pour lui demander son consentement. « Ah ! tu voulais me moraliser en m'envoyant en Angleterre ! pensait-il. Eh bien ! si tu n'es pas contente et si une nouvelle réunion de famille ne me vote pas un prix de vertu, je ne sais plus ce qu'il faut faire !... » Il se moquait bien, au fond, de tout cela, et ne pensait qu'au plaisir prochain d'en finir avec les réserves de Nelly devenue sa femme et lui prodiguant ses naturels trésors.

III

Le reste de cette belle journée devait être consacré à une promenade en famille. Le but choisi fut le musée Tussaud, dont notre musée Grévin n'est qu'un reflet et qu'on montrerait, en détail, à Gaétan. Or Gaétan avait le défaut de presque tous les Français (autant supposer que nous n'en avons qu'un), celui de posséder une demi-instruction sur toutes choses. Aussi, ayant entendu beaucoup parler de ce musée Tussaud, en ayant lu même des descriptions dans les guides, il était convaincu qu'il le connaissait mieux que personne. Pour un peu, il se serait chargé d'en énumérer aux promeneurs les figures de cire et de couper, pour la cent millième fois, cette tête de Louis XVI qui n'a de rivale dans l'histoire que la galette du Gymnase. Il savait en particulier que, dans le coin des salles, sur le parcours même, des personnages sont posés dans les attitudes les plus simples de la vie moderne et familière et que rien n'amuse un de nos excellents voisins comme lorsqu'un promeneur naïf s'excuse ou salue, en passant, devant un de ces mannequins ou même lui adresse la parole. « Voilà, pensait-il, une gaieté que je ne leur donnerai pas ! » « Sir Hudson Lowe. Aôh yes ! » fit le gardien à l'angle d'un des premiers couloirs. Et Gaétan, infiniment occupé de faire sa cour à miss Nelly, entendit seulement bour-

8

donner le mot à son oreille. Et la promenade continua, sir Hector Chester-Clark demeurant en arrière pour laisser s'assagir, dans une allure plus lente, la digestion laborieuse d'un énorme plat de haricots dont il avait agrémenté, à déjeuner, la large tranche de rosbif accoutumée. D'une voix égale, scandée de *aôh yes !* le cicerone poursuivait, sa nomenclature et tout en n'écoutant que fort peu toujours assidu près de sa belle fiancée, Gaétan recueillait de temps en temps quelque souvenir déplaisant pour notre patrie, ce qui lui causait une légitime colère, si bien que, tout comme sir Hector, il éprouva le besoin de s'isoler un moment pour respirer et reprendre une contenance calme. Et retournant ainsi, en arrière, dans le dédale des avenues bordées de gens célèbres, il lui sembla reconnaître, par derrière, l'effigie de cet Hudson Lowe sur lequel son regard s'était vaguement arrêté au passage.

Ce fut plus fort que lui. Convaincu qu'on ne le voyait pas, il planta un énorme coup de pied, un coup de pied de soulagement, entre les pans de la longue redingote du geôlier impérial. Une détonation lui répondit ; le faux mannequin se retourna, et le visage rouge de fureur de sir Hector, dérangé dans sa méditation intestinale, darda sur lui deux regards pareils à des coups de pistolet.

« Vô êtes ioune paôlisson ! » hurla le banquier. Le révérend Jonathan accourut, traînant mistress Stitton et Nelly infiniment troublée.

Le mariage de Gaétan des Andives était manqué. Le consentement de sa mère ne le trouva plus dans sa chambrette virginale, chez le révérend Jonathan Stitton. Il est noceur, il recommence à faire la noce à Paris et ne s'en trouve, parbleu! pas plus mal. En voilà encore un qui n'aime pas les Anglais!

LE SINGE

LE SINGE

I

Celui-ci aussi se mourait, comme les deux dernières victimes du Jardin d'Acclimatation, dans une captivité rappelant celle de La Balue, quand mon ami Jérôme Bitard, petit cousin du Cadet dont je vous ai parlé autrefois, en fut pris de telle pitié qu'il l'acheta à son bourreau, sous prétexte d'en faire l'autopsie, après avoir joui de ses derniers moments, en réalité pour tenter de le sauver à force de soins. Justement partait-il, quelques jours après, pour les environs de Nice rejoindre dans leur belle propriété ensoleillée, même en cette saison, des amis, M. et madame Coquebin. Le grand singe, tout emmitouflé de flanelle, fit, en toussotant sinistrement, comme un vieux, tout le voyage, semblant toujours prêt à exhaler une âme qui ne tenait plus qu'à un de ses poils mouillés, avec, pour unique nourriture, du lait et de l'huile de foie de morue. Dans ce douloureux état semblait-il cependant plein de reconnaissance pour son nouveau maître et Jérôme, qui est tendre, pleurait déjà à l'idée que le trépas allait certainement le séparer bientôt de ce nouvel ami. Thomas — ainsi avait-il baptisé celui-ci à tout hasard — arriva respirant encore dans le ménage Coquebin, où l'on aimait les bêtes. Deux jours après, un mieux sérieux se manifestait dans son état. Un mois encore et la toux avait presque complètement disparu ; un léger embonpoint ouatait son ci-devant squelette ; Thomas était d'une gaieté folle de se sentir renaître. Ce serait l'été bientôt. Il était sauvé jusqu'à l'hiver à venir. « Malgré l'attachement qu'il m'inspire, avait dit Jérôme, dès qu'un bâtiment cinglera vers sa patrie, je paierai sa traversée et l'y renverrai pour le sauver tout à fait.

— Vous avez raison, mon ami, » lui avait répondu madame Coquebin qui n'était pas moins humaine que lui.

En attendant, Thomas devint l'idole des trois amis. Sa gentillesse, ses façons affectueuses, la mélancolie même de son regard quand il le tendait vers l'horizon, en faisaient l'objet d'une naturelle sympathie pour l'innocent exilé qu'un caprice des hommes avait failli faire mourir.

M. Coquebin, qui était un savant, un explorateur

distingué, faisait, à son sujet, mille remarques scientifiques. Madame Coquebin le couvrait de caresses. Jérôme s'ingéniait à lui trouver des mets de son goût. Ne croyez pas, cependant, qu'une complète innocence régnât sous ce toit. Jérôme faisait son ami Coquebin cocu avec un entrain considérable. Madame Coquebin en valait, morbleu ! la peine, brune qu'elle était avec des yeux d'or et un sourire qu'on eût dit fait des plissements d'une rose, copieuse avec cela de tout ce qui doit faire si pénible le métier des manchots. Nos amants procédaient, vis-à-vis d'un mari sans soupçons, avec une simplicité de moyens rudimentaire. Très généralement, après déjeuner, on guettait quelque promeneur, quelque voisin dont on encombrait Coquebin, sous prétexte que le médecin lui avait recommandé l'exercice au sortir du repas. Celui-ci partait sans méfiance, bavardait comme une pie sur la plage avec son compagnon et ne revenait qu'après avoir été consciencieusement déshonoré à son foyer. Jérôme et madame Coquebin trouvaient aussi que l'exercice est salutaire au lever de la table. Le leur n'était pas cependant de ceux que recommandent les hygiénistes. Mais j'oserai affirmer qu'ils y trouvaient infiniment plus de plaisir qu'à monter à ou en (l'un et l'autre se dit ou se disent) bicyclette.

On avait voulu habituer ce malin de Thomas à accompagner M. Coquebin dans ses promenades. Mais le chimpanzé refusait de quitter Jérôme. Le plus souvent, il se cachait dans la pièce même où était déshonoré l'explorateur. On a souvent répété qu'il ne manquait à cet animal que la parole. Mais heureusement lui manquait-elle, ce qui rendait ce témoin peu dangereux aux coupables. D'ailleurs Thomas se blottissait dans quelque coin et mangeait, pendant ce temps-là, tranquillement des noisettes, faisant la grimace quand il en trouvait une creuse, — tout comme madame Coquebin de son côté. Mais le noisetier naturel de Jérôme ne portait guère que des fruits pleins et savoureux.

Et, pendant que M. Coquebin assommait son voisin de récits de voyage, l'heure passait rapide sous son toit ensoleillé.

Or il advint que le départ de Marseille d'un bâtiment s'en allant aux côtes d'où Thomas était originaire vraisemblablement fut signalé. Le cœur saignant mais fidèle à sa promesse, Jérôme serra le singe entre ses bras, l'arracha à grand'peine aux bras de madame Coquebin, le conduisit au capitaine et fit à celui-ci un riche cadeau, en échange du serment qu'après avoir été traité à bord avec les plus grands égards, l'animal serait rendu à la liberté sur ses rives natales. Ce furent des adieux déchirants. Puis Jérôme continua à tromper son ami Coquebin, sans que son bonheur fût comme scandé par le bruit sec des noisettes cassées. O force de l'habitude ! Cet accompagnement musical lui manqua pendant quelques jours.

II

Les Coquebin, l'été venu, avaient quitté leur villégiature méridionale pour revenir à Paris, où l'explorateur passait cette saison à intriguer, dans le but d'obtenir quelque mission de l'Etat. Je vous prie de croire que Jérôme et madame Coquebin ne lui ménageaient pas leurs influences personnelles. Les ministres sont vraiment tarabustés pour ce genre de faveurs. J'en sais un qui avait trouvé un moyen excellent pour se débarrasser des solliciteurs. Il leur confiait d'imaginaires intérêts dans les contrées les plus lointaines et oubliait de leur y envoyer de l'argent. Je ne plaisante pas. M. Coquebin, fort heureusement pour lui, ne s'adressa pas à celui-là. Il obtint enfin une mission en Afrique. Faut-il être franc? Son départ affecta infiniment moins madame Coquebin et Jérôme que celui de Thomas. Deux jours après, ils étaient mieux que consolés. Il était convenu que le voyageur leur écrirait le plus souvent possible. Mais la poste est mal faite dans le continent noir. Il y avait bien six mois qu'ils étaient sans nouvelles, quand une longue lettre leur apprit que M. Coquebin était vivant encore. Ils la lurent ensemble, assis à côté l'un de l'autre sur le canapé familier qui aurait pu en conter de si drôles aussi, les pieds dans leurs pantoufles au coin d'un bon feu qui faisait courir des lézards rouges le long des meubles déjà dans l'ombre.

— « Lis moi donc tout haut, fit madame Coquebin lassée. Tu sais bien, mon Jérôme, que mon mari et moi n'avons pas de secrets pour toi. »

Or leur attention redoubla quand ils lurent ce qui suit :

III

« ... Ah ! mes enfants, devinez un peu de qui je vais vous donner, *de visu*, des nouvelles ? Mais n'anticipons pas sur un si curieux événement. Je me promenais mon fusil sous le bras dans un bois de palétuviers tout à fait solitaire et vierge, à plusieurs milles de toute hutte de sauvages, quand j'entendis dans les feuillages un bruit singulier. Ayant levé les yeux, je vis de grands singes qui sautaient de branche en branche. Comme leur attitude n'avait rien de menaçant, je me contentai d'armer mon remington. Soudain, l'un d'eux se laissa glisser le long du tronc d'un palmier et, avant que j'eusse eu le temps de le mettre en joue, s'avança vers moi en ouvrant les bras d'une façon si manifestement affectueuse que je compris que je n'avais pas affaire à un ennemi. Des larmes de joie inondaient son visage de moisissures légèrement azurées, cependant que sa queue se repliait joyeusement et s'arrondissait en cor de chasse. — « Thomas ! » m'écriai-je... et je ne me trompais pas ! C'était bien Thomas. Car, à son nom jeté dans l'espace, il répondit par un fougueux embrassement dont je me crus étouffé. Puis il commença de prendre devant moi toutes les façons de Jérôme, au point que c'était à s'y méprendre. O mon cher ami ! O ma tendre femme ! je pus me croire un moment revenu auprès de vous... »

— « Il ne manquerait plus que ça ! » observa madame Coquebin.

Et Jérôme continua : « Tout, mais tout ! Il roulait des cigarettes comme Jérôme, faites d'une herbe que je ne connaissais pas, mais dont il me fallut fumer avec lui. Puis je vis qu'il avait installé toute sa tribu à l'instar des familles humaines, comme on dirait à Bruxelles. Car, sur un signe de lui, tous ses camarades descendirent, qui de son cocotier, qui de son palmier, pour me saluer à la française, puis me tendre la main, toujours avec les mêmes gestes que Jérôme. Nous allâmes prendre à un café de singes une consommation ressemblant, ma foi, fort à l'absinthe. C'était la façon de boire de Jérôme, absolument ! Notre apéritif pris, Thomas me fit comprendre qu'il m'invitait à déjeuner chez lui. Je me rendis à son bras vers une sorte de cabane où je trouvai un ménage de chimpanzés dans lequel il me fit l'effet de vivre comme commensal. Le mâle avait l'air d'une vieille baderne, mais la femelle était délicieusement pimpante et faisait à Thomas des yeux ! Je vis que l'arrivée d'un convive inattendu était, pour tous ces braves animaux, une joie. La vieille baderne trempa aussitôt, dans une noix de coco énorme, une soupe dont le goût était voisin de celui du tapioca. Après le déjeuner, dans une noix de coco, — celle-ci toute petite, — on me servit une espèce de café. De plus en plus fort. Thomas en prit avec moi. Il avait tellement la façon de déguster de Jérôme que j'en avais les larmes aux yeux. Quand il trinqua avec une eau-de-vie très particulière, c'était pis encore. Jérôme tout craché. Ah ! que ces animaux-là imitent bien, en tout, le maître qu'ils aiment !

» Mais ceci est bien plus drôle encore ! Le café achevé, Thomas m'invita très clairement à aller faire une promenade hygiénique avec la vieille baderne ; et, comme je n'y mettais aucun empressement, il m'exprima plus clairement encore que ça lui rendrait service. Il avait encore les façons de Jérôme pour insister ! Ma foi ! je me laissai faire. Je sortis avec le patron de la case pour aller faire un tour au bord de la mer. Mais, la curiosité très piquée, je le perdis volontairement, le laissant déposé dans une île où je l'avais sournoisement conduit, en improvisant une pirogue. Puis je courus dans la direction de la cabane où j'avais laissé Thomas avec la jolie chimpanzée, et, sans faire de bruit, je regardai à travers les maïs qui formaient la clôture !... Ah ! mes amis ! Non ! jamais, jamais, jamais vous ne devinerez ce que j'ai vu !...

— « Je l'ai deviné ! » fit madame Coquebin.

Et Jérôme et elle rirent comme des bossus, tout en achevant la lettre de ce pauvre Coquebin.

VERBA VOLANT

VERBA VOLANT

I

C'était, il y a huit jours, au café Albrighi, dans mon cher Toulouse, à l'heure où l'antique *Glaucopis Athènè*, patronne de la cité, rouvre ses yeux d'émeraude au cristal teinté d'absinthe des verres. Car la sagesse est dans une libation apéritive et modérée, régulière et s'épuisant sous l'encens des cigarettes, de cette ambroisie calomniée où flotte l'âme des rêveries aimables, cependant que les belles filles passent, de l'autre côté de la vitre, sous la caresse du soleil déclinant.

— Au train où vont les choses, disais-je à mon ami Raymond, il n'y aura plus bientôt qu'une chose qui ait cours en France : les mots! Nous ne produirons plus rien ; les métiers se tairont dans les fabriques ; le feu s'éteindra dans les forges ; les tonneaux sècheront sans cuvée. Non seulement nous n'exporterons aucune richesse à l'étranger, mais nous n'échangerons plus entre nous que des paroles. Les vocables seuls se vendront encore ; l'Académie s'enrichira en faisant payer très cher leur droit de cité aux mots nouveaux ; les substantifs seront très demandés sur le marché ; les adjectifs seront hors de prix, ce qui rendra très dure la vie des poètes ; enfin les millionnaires seuls pourront se procurer quelques adverbes à l'usine Brunetière, les jours où ils auront du monde. Voilà où vous nous aurez conduits, tas de politiciens et d'avocats!...

— Je suis avocat justement, interrompit mon ami Raymond. Néanmoins je conviens que le siècle que tu décris serait l'âge idéal, le siècle rêvé, celui que nous entrevoyons dans nos rêves d'or, nous qui vivons des caprices de Thémis. Mais combien nous en sommes loin encore! Pour ma part, au contraire, je suis épouvanté du nombre de paroles perdues que nous répandons tous les jours et qui sont comme un Pactole que nous laissons couler entre nos doigts. *Verba volant!* Nous leur donnons à tout propos d'inutiles ailes, pour s'envoler on ne sait où. Tiens! il est six heures du soir, et, si tu veux bien me laisser te conter l'emploi de ma journée, tu verras que j'ai parlé beaucoup sans avoir dit un traître mot qui ait sa raison d'être. Voilà à quoi servent les vacances que la magistrature s'octroie aux jours gras, et aussi à m'amener les doléances des clients pareils à de pauvres diables qu'on laisse assis sur des paratonnerres, en les invitant gracieusement à y attendre la reprise des conversations judiciaires ! J'en avais profité, moi, pour aller coucher à la campagne que je trouve exquise en tout temps, aussi bien poudrée de givre comme une marquise que rayonnante au soleil comme une immense fleur. Le facteur vient de bonne heure là-bas. Je l'attendais impatiemment. Car une dame dont tu m'envierais certainement l'amour (oh ! les nobles assises auxquelles je fais la cour !) m'avait promis un mot de sa main blanche pour mon petit lever. J'ouvris, moi-même, à l'ambassadeur de la Sublime-Poste.

— Rien pour monsieur, me dit-il, que quelques journaux.

— Pas possible ! Regardez bien !

— Monsieur peut jeter lui-même un coup d'œil dans ma boîte.

— Vous l'aurez certainement oubliée à la poste.

— Ce n'est pas moi qui fais les paquets.

— Vous serez peut-être parti avant l'arrivée du courrier de Toulouse ?

— Je ne me mets en route qu'une demi-heure après qu'il est venu.

— Mais vous êtes bien sûr qu'il n'avait pas un retard aujourd'hui ?

— Je n'en ai pas eu connaissance. Voici d'ailleurs des dépêches apportées par lui.

— Alors, c'est au départ que se sera faite la boulette !

— C'est ce que je ne saurais affirmer à monsieur.

— On devrait bien, franchement, augmenter le personnel ou lui donner de plus gros appointements pour stimuler son zèle.

— C'est absolument mon avis, monsieur.

— Il est ridicule de payer autant d'impôts pour être aussi mal servi...

Et je continuai dix minutes à faire perdre son temps à cet humble serviteur de l'État. *Verba volant !* Paroles perdues : celle que j'aime ne m'avait pas écrit. J'en étais certain dès le premier mot du courrier. Alors, pouquoi tant de discours ? Une musique autour d'une désillusion ! En rentrant dans ma chambre, je demeurai fidèle à la tradition des amoureux qui sont aussi monologuistes que Coquelin Cadet lui-même. Je fis, à demi-voix, une infinité de reproches à la négligente. Elle savait bien le mal que me faisait son silence ! C'était dès lors abominable de me tourmenter ainsi. Au reste, elle le reconnaissait elle-même et finissait par m'en demander très gentiment pardon. C'est avec des paroles émues que je lui accordais sa rentrée dans mon cœur. Mais je me demande maintenant à quoi tendait ce déluge de générosité, puisqu'elle n'était pas là. Sublime de poche semé sur le chemin vide, comme le pain du Petit Poucet.

II

Il avait été convenu (c'est toujours mon ami Raymond qui parle) que si je ne recevais pas de lettre d'elle, c'est qu'elle serait occupée toute la journée par des obligations de famille et ne pourrait me recevoir. A onze heures, je n'y tins plus et je pris la voiture tout de même. En route, je me remémorais les douceurs de sa chute et je dus reconnaître qu'elle aussi, ce jour-là, heureux entre tous les jours, elle avait dépensé bien de l'éloquence inutile. On ne donne pas rendez-vous, chez soi, à dix heures du soir, à un monsieur qui vous fait la cour depuis six mois, pour lui faire une déclaration de principes. Elle-même avait évidemment résolu sa propre défaite. Je ne lui reproche pas les supplications certainement prévues et, par suite, logiquement superflues, que je lui adressai à deux genoux, dans le salon où elle m'attendait, nonchalante à souhait, sur une causeuse. C'est de la simple politesse que ce marivaudage *in extremis*. Mais, au moment où je croyais toucher au but, ne fus-je pas arrêté par un déluge de prières, par des apostrophes à l'honneur, par une rhétorique à la Lucrèce qui eût démonté un moins expérimenté que moi. Je laissai jaillir ce flot vertueux et me rassurai quand, en l'emportant à demi évnaouie dans sa chambre à coucher, j'aperçus deux oreillers sur le lit qui n'en avait qu'un d'après mes dernières observations, et deux verres sur le plateau, avec des liqueurs réconfortantes, variées, où la diversité de mes goûts était prévue. Allons! elle aussi, ce soir-là, avait dit bien des paroles perdues. Si je l'avais prise au mot cependant? Bah! pouvais-je franchement lui en vouloir de ne pas m'avoir cru assez bête pour ça?

Ce souvenir délicieux me conduisit, en un rien de temps, jusqu'ici, car il n'est rien au monde de si doux que se rappeler les premières caresses rendues par la bouche aimée, les baisers où meurent des aveux, les bras dont l'étreinte ferme sur vous l'ère des irrésolutions désespérées, et l'enivrant parfum qui se dégage du cœur qui se donne, comme d'une fleur qui s'ouvre dans un jardin mystérieux et longtemps fermé.

Il était deux heures quand je sonnai à l'huis tant de fois hanté avec un battement au cœur.

Pas de réponse tout de suite, mais je ne sais quel petit bruit de va-et-vient dans la maison. Et puis on vint m'ouvrir. Je voulus croire que je me trompais moi-même en trouvant à celle qui le fit un air embarrassé. Je m'apprêtais à monter. On me conduisit au petit salon du rez-de-chaussée. J'insistai. On me poussa doucement la porte sur le nez en me disant que madame allait descendre, et on s'élança dans l'escalier. La porte se ferma mal, et je vis distinctement un monsieur au col relevé qu'on faisait filer dextrement.

Un instant après, elle entrait et, le plus affectueusement du monde, me demandait le secret d'une visite qu'elle n'osait espérer. J'avais bien fait, d'ailleurs, de deviner la joie qu'elle aurait à me voir. Elle était admirablement belle dans ce rôle hypocrite, belle d'inquiétude contenue et de perfidie persuasive. Outré que j'étais, je ne lui en laissai pas dire davantage et j'éclatai en reproches. Elle nia avec une énergie blessée ; mais je mis une telle sincérité de dessin dans la silhouette que je traçai du monsieur au collet relevé qu'elle préféra se taire avec l'air noblement indigné d'une personne qu'on prend certainement pour une autre.

Et, pendant que ma colère s'exhalait, je regardais machinalement sa gorge frémir sous les plis ouverts de son peignoir, et aussi l'étoffe bariolée de dessins japonais se coller, dans une pose de lassitude exquise, à ses hanches débordantes, et encore ses jambes au noble contour se mouler plus étroitement dans ce vêtement sans artifices.

— Infâme ! m'écriai-je...

Et bien d'autres mots cruels et impertinents, tel le sable remué au fond d'un étang, me montèrent à la bouche.

Et, durant que ce torrent injurieux s'en échappait, une odeur pénétrante, enivrante, mortelle, me venait de sa belle chevelure dénouée qui pendait sur ses épaules ; des longues manches de dentelles de sa chemise qui faisaient courir des pénombres ambrées sur ses poignets et sur ses mains ; de ses bas mal tirés et luisants comme des serpents de soie aux délicieux venins ; de ses petites mules où ses pieds entraient à peine comme de beaux oiseaux qui se blottissent à demi dans leur nid. Et je continuais :

— Fille sans cœur ! courtisane ! drôlesse ! Que sais-je encore ! Paroles inutiles, mon cher, puisque je ne dois plus la revoir...

— Et tu lui as dit un éternel adieu ? demandai-je à Raymond.

— Certainement, me répondit-il. Après une telle infamie...

— Eh bien, mon cher Raymond, voilà peut-être le seul mot vraiment inutile que tu aies dit de toute ta journée.

— Et pourquoi donc?

— Parce que tu y reviendras certainement.

Il me regarda avec une stupéfaction douce.

— Mais, me dit-il, je ne me suis pas en allé.

Verba volant! Le seul inutile des mots, en amour, c'est : Adieu !

PISTACHE

PISTACHE

I

En une cage trop étroite, ridicule, comparable à celle où La Balue expia l'amitié de Louis le onzième, ayant à peine la place de s'ébrouer, sans piscine où baigner le bout de ses ailes, c'était un perroquet vraiment mélancolique que celui qui attira la pitié de Gaston des Andives et de Berthe, sa femme, tandis qu'ils prenaient un chocolat détestable à la gare de Montbéliou. Ce volatile infortuné appartenait, en effet, au gargotier concessionnaire du buffet de cette station. Gaston des Andives et Berthe sa femme étaient des âmes compatissantes et amoureuses. Le jeune ménage effectuait, à travers la France, son voyage de noces et aimait à répandre les bienfaits sur son chemin. Ils adopteraient cette bête malheureuse et l'installeraient, à Paris, dans leur joli appartement de la rue Saint-Florentin. Ils lui apprendraient la musique divine des baisers et des paroles douces, en attendant l'enfant qui leur bégayerait ses caresses. Ils demandèrent à l'infâme chocolatier combien il voudrait de sa victime. Inutile de dire que le bourreau investi de la confiance de la Compagnie leur jura qu'il ne s'en séparerait à aucun prix, que c'était un perroquet de famille à qui il était extraordinairement attaché. Tout cela était pour en avoir davantage, de jeunes époux heureux ne marchandant pas. Il en obtint un prix grotesquement élevé. Mais Berthe était si contente! Le prisonnier, à qui un véritable palais fut promis sur l'heure, fut emporté dans le wagon, au moment où celui-ci s'ébranlait déjà. On le baptisa tout de suite. Comme ce qui restait de son plumage sale et mal tenu était sensiblement vert, on l'appela Pistache. Puis on lui offrit des gâteaux. Mais comme ils venaient du buffet et qu'il les avait vu sucrer avec de la poussière, il se garda bien d'en manger.

Il semblait cependant qu'il eût l'intuition de l'existence plus heureuse qui s'ouvrait devant son bec recourbé. Car il se secoua presque joyeusement et commença de parler de sa voix de crécelle, mais que ses patrons jugèrent plus harmonieuse que celle même du rossignol. Tout naturellement son bagage littéraire, qu'il serait inconvenant de comparer à celui de M. Brunetière, habillé cependant de la même couleur que lui (l'habit ne fait pas John Lemoinne), se composait tout naturellement du vocabulaire des gares, cris d'employés, propos de garçons, bruits de machines, tout ce qu'il était accoutumé d'entendre. Il imitait, à s'y méprendre, le gémissement des essieux au départ et le grincement des freins à l'arrivée. Ses nouveaux maîtres étaient dans l'enchantement. Avec un animal pareil, on n'aurait plus besoin de voyager pour avoir toutes les illusions du voyage. C'est une formidable économie qu'ils venaient de faire là.

Cependant le train, qui marchait vers l'occident, s'enfonçait dans les poussières rouges du couchant; une grande mélancolie descendait en ombres violettes sur le double chemin qui fuyait aux portières, les arbres ayant l'air de courir en sens inverse de la marche des wagons et les villages s'enfonçant dans une brume dorée où tintaient les derniers angélus du soir. Dans les eaux courantes qui coulaient en bas, les premières étoiles semèrent çà et là une goutte d'or tremblante, et sur les nappes des étangs la lune esquissait un fromage, destiné, sans doute, au repas frugal des farfadets qui, comme les libellules, voltigent sur l'eau avec de petites ailes transparentes et bleues. Les autres voyageurs du compartiment, y compris Gaston des Andives et Berthe sa femme, se préparèrent au sommeil plein de courbatures que comportent les nuits en chemin de fer. Pistache, seul, n'avait pas sommeil. On eut beau couvrir sa cage d'un plaid pour lui donner l'impression d'une ombre plus épaisse encore, il continua de s'agiter, si bien que les pauvres gens honorés de sa compagnie n'étaient pas assoupis depuis cinq minutes qu'ils étaient réveillés par un formidable :

— Messieurs, vos billets !

Mais en vain cherchaient-ils la casquette toujours vissée à la tête de l'employé à la portière. C'était Pistache qui répétait une des innombrables phrases qu'il avait entendues tous les jours. Un vieux militaire très bourru qui roupillait dans un des coins ne parla de rien moins que de lui tordre le cou. A cette proposition, Berthe faillit se trouver mal sur l'épaule de son mari. L'amoureuse sérénité de leur retour fut considérablement troublée par la présence de Pistache dans le wagon.

II

A Paris, on lui donna une quasi-liberté dans le joli appartement de la rue Saint-Florentin. Il voletait de chambre en chambre, marquant son chemin, comme le Petit Poucet, de pain, mais de pain digéré déjà. Il mouchetait les meubles de flocons de neige, non pas de la « neige odorante du printemps », comme dit Victor Hugo. Il était devenu un véritable tyran dans la maison. Mais ses maîtres ne l'en aimaient que davantage. Ne leur rappelait-il pas une bonne action ! Et puis, les êtres que nous adorons surtout sont ceux pour qui nous avons le plus souffert. Son dictionnaire ne changeait pas d'ailleurs. Vainement cherchait-on à lui apprendre des phrases nouvelles. Rien que des propos de gare, y compris les jurons des commissionnaires quand ils roulent des brouettes trop lourdes où nos malheureux colis sont massacrés. C'était charmant.

Le baron Gaston des Andives était quelque peu poète. Il faisait d'aimables à-propos, et c'était à la suite d'une représentation mondaine où il avait été fort applaudi que Berthe s'était éprise de lui. Un délicieux petit cabotin, d'ailleurs plus inoffensif que ceux de M. Pailleron lui-même. Il n'avait aucune prétention que plaire aux dames et cette prétention lui avait réussi. Car je ne vous cacherai pas plus longtemps que la jeune madame des Andives était de tous points délicieuse, blanche, dodue, de belle prestance sans majesté désordonnée, avec un visage riant qu'encadrait une belle chevelure châtaine aux tons changeants, douée de tous les reliefs qui font le supplice des manchots, appétissante et telle qu'on peut souhaiter l'épouse des cocus qu'on fait pour fleurir les routes arides de la vie. Elle flattait la manie de son mari et cultivait la comédie de salon. Une des premières soirées de l'hiver qui suivit de près l'entrée de Pistache dans la maison — car c'est en automne que cet animal avait fait connaissance de ses bienfaiteurs — fut consacrée aux muses légères que cultivait Gaston. On devait jouer chez lui la première revue de l'année. Il en avait composé les couplets, et Berthe, en commère, devait, tout naturellement, dire les plus jolis.

C'est un étincellement de bougies dans les salons de la rue Saint-Florentin. On dirait qu'une constellation s'est prise aux vitres comme dans un filet à papillons. Les voitures se succèdent lourdement sous la porte cochère et des dames emmitouflées de fourrures bénéolentes en descendent, dans un frisson de soie d'où émerge un pied mutinement chaussé. Puis, dans la salle de spectacle improvisée, ce sont les cancans de coulisse, un bourdonnement qu'interrompent seulement les trois coups fatidiques frappés derrière un joli rideau de soie aux franges d'or. Le prologue a un succès fou. Le premier défilé des petites femmes est déclaré un pur chef-d'œuvre. Berthe commence son rondeau. Elle l'achève dans une tempête de bravos que coupent brusquement des coups de sifflet. C'était Pistache qui, perché sur une glace, sifflait l'alarme comme les locomotives en détresse. Mais on ne le vit pas tout d'abord. Gaston, qui s'était rué du trou du souffleur pour chercher l'impertinent, crut le reconnaître dans un commandant de dragons qui avait fait inutilement la cour à sa femme. Il alla lui donner deux soufflets et en reçut, le lendemain, deux coups d'épée.

Il fut décidé, ce jour-là, que Pistache n'irait plus dans le monde.

III

Mais on n'en fait que plus douce pour lui la joie de l'intimité. Ce jour-là, Monsieur et Madame se sont levés tard et ont déjeuné dans leur chambre : un véritable déjeuner d'amoureux. Des primeurs inachevées et des fruits ouverts errent sur la table non desservie. Berthe a roulé une causeuse jusqu'au coin du feu et s'y est frileusement blottie dans son élégant peignoir, plus délicieuse à regarder que jamais dans ce demi-abandon de toutes ses grâces coutumières. Des nonchalances exquises, faites, sans doute, de fatigues délicieuses aussi, la font pareille à une pivoine jetée sur des coussins, une pivoine rose aux pétales frissonnants. C'est un délicieux poème de chair tiède et parfumée qu'on devine, qu'on pressent sous les longs plis qui la sculptent, par places, l'enveloppant seulement, à d'autres, comme une vapeur. Et, sa belle tête renversée dans le tumulte fauve de ses cheveux, elle laisse passer l'éclair nacré de ses dents entre ses lèvres entr'ouvertes.

Et Gaston la regarde, la contemple en une extase très douce.

Ses regards descendent du front de son amie, tout baigné d'ombres ambrées, et d'où sa crinière jaillit comme un fleuve d'or sombre, à ses yeux demi-fermés qui ne laissent passer entre les cils qu'une fumée bleue comme celle des encens, à son nez dont les narines frémissent comme les ailes d'un papillon dans les lumières roses du couchant, à sa bouche où la dernière flèche de sang du soleil semble s'être posée, à son menton que ponctue une fossette circonflexe comme l'aile d'une minuscule hirondelle bleue, à son cou dont l'épiderme de soie se dore, aux rondeurs divines de la nuque, au beau lac d'argent lunaire où le souffle invisible soulève les deux vagues de sa poitrine, à l'arrondissement voluptueux de son ventre reposé, toujours s'abaissant après s'être complu dans cette énumération de grâces infinies.

Il en était là du cher voyage de ses yeux, quand tous deux furent secoués, en sursaut, de leur adorable rêverie :

— Dix minutes d'arrêt! Buffet !... hurlait cet imbécile de Pistache, en dodelinant joyeusement de sa tête remplumée, narquois et les pattes accrochées aux plis épais des rideaux.

EXCUSES TARDIVES

EXCUSES TARDIVES

I

A peine tamisé par les rideaux, n'étant au dedans qu'une poussière peu dense de clarté, une raie de lumière rose à l'endroit où se rejoignaient insuffisamment les lourds tissus ramenés l'un contre l'autre, le jour qui mourait déjà au dehors ne mettait plus, dans la chambre, qu'une insensible vibration. Les formes des meubles s'y estompaient en masses sombres où couraient seulement, aux angles, des reflets. Quelques étincelles rouges piquaient encore la cendre tiède du foyer, et dans le lit, ravagé par les caresses furieuses, Achille et Emilienne se serraient de plus près l'un contre l'autre, sentant que l'heure de se quitter était venue. Le temps est souvent barbare, en ses monotones occupations, mais jamais autant que lorsqu'il interrompt ces délicieuses lassitudes qui suivent l'amour et qui, pour moi, en sont peut-être le meilleur. Le *Omne animal triste* du proverbe latin constate simplement nos plus délicieuses mélancolies. Il paraît qu'elles sont faites d'amertume chez quelques-uns. J'avoue qu'elles ont été toujours faites, pour moi, d'une reconnaissance infinie. Qui n'a longuement savouré ces impuissances exquises qui laissent encore un désir au cœur ? J'imagine que le phénix aime la mort, parce qu'il est sûr de renaître. Nous portons en nous ce phénix-là, pendant les heures viriles de la jeunesse. Qu'il est doux, le bûcher où nos cendres tressaillent déjà dans un souffle de résurrection ! Ah ! volupté de l'anéantissement aux bras de la maîtresse aimée, dans le demi-sommeil dont chaque souffle pousse encore, vers les lèvres, un baiser ! Achille le goûtait lentement, cependant qu'Emilienne,

> Ces bras vaincus jetés comme de vaines armes,

suivant l'admirable vers de Baudelaire, reposait à ses côtés, dans la plus nonchalante des poses, avec, pour oreiller, sa belle chevelure brune dénouée dont les parfums étaient mouillés comme celui des roses matinales emperlées, rayonnante dans l'ombre d'effluves mystérieux, enchantement des yeux renaissant aux caresses du toucher, devinable seulement, pour son amant, dans la grâce vigoureuse de son beau corps étendu. Oh! cette vision de l'invisible chez l'adorée ! Cette vision des nuits profondes où rien ne nous échappe de ses beautés! Cet animal d'Achille en avait toutes les joies, bien que son bonheur fût le plus adultère des bonheurs.

— Mon chéri, lui dit Emilienne dans un baiser désespéré, il faut que je parte !

La première pensée d'Achille fut d'allumer une bougie pour procéder à leur toilette. Mais il fouilla vainement dans sa poche pour y trouver un briquet. Bien qu'ils fussent dans un de ces hôtels complaisants où les amoureux sont toujours sûrs de trouver un asile, ils ne voulurent pas sonner. L'entrée d'un garçon, dans ce désordre, les dégoûtait, et je le comprends. Achille tira donc un des rideaux, ce qui permit au soleil couchant derrière les toits d'en face de mettre aux vitres quelques éclaboussures de pourpre ; la pièce était maintenant à demi éclairée, comme il convient pour des travaux dont tout mystère n'est pas banni. Et, tout en rentrant longuement dans leur déguisement journalier, elle bien lente devant la glace, les bras occupés à ramasser ses cheveux d'abord, puis ses jupes, ils continuaient de se faire mille mignardises, pareils à des gens dont l'appétit renaît au dessert. Il mangea de baisers la pointe de ses bottines à elle, quand il les eut refermées sur la cambrure divine du pied qu'elle lui abandonnait tout à fait, paresseuse et incapable de se chausser soi-même. Et ce fut, pour tout, des enfantillages pareils, que les sots seulement ont envie de plaisanter. Tout n'est-il pas sacré comme une relique qui touche, ne fût-ce qu'un instant, celle dont, tout à l'heure, l'absence vous sera comme un tombeau ?

Ils avaient achevé, cependant, à travers mille retards délicieux, de se vêtir, quand machinalement Emilienne regarda par la fenêtre et pâlit. Dans l'obscurité croissante, il lui sembla voir, sur le trottoir, vis-à-vis, la silhouette de son mari. Illusion faite de remords, peut-être ! pensa-t-elle, sans rien dire encore à Achille. Mais la silhouette, après s'être éloignée, revint en sens inverse et commença un mouvement de balancier vivant semblant bien d'un homme qui guette quelque chose. Elle put bientôt mesurer, comme un astronome, la durée de l'oscillation dans chaque direction, analyser le rythme de ce va-et-vient inquiétant.

— La voiture nous attend devant la porte ? demanda-t-elle nerveusement à Achille.

— Certes, lui répondit-il, nous avons actuellement, à notre actif, quatre heures un quart de fiacre.

— Te rappelles-tu si le cheval marche bien ?

— Comme le vent.

— Eh bien ! nous n'avons qu'une chose à faire. Je suis convaincue que mon mari est prévenu et nous épie. Il fait, comme on dit, les cent pas dans la rue, de l'autre côté. Descendons, nous guetterons le moment précis où il s'éloigne dans le sens opposé à celui où partira notre fiacre. Jette un louis au cocher, sautons dans la voiture et filons au grand galop, avant l'instant où il se retourne pour continuer sa promenade ! C'est la seule façon de nous sauver.

Et tous les deux, dans l'escalier où le gaz flambait déjà, sur la pointe des pieds, gagnèrent la porte du dehors, l'entr'ouvrirent, prirent leur temps et effectuèrent merveilleusement la manœuvre projetée.

— Sauvés ! fit-elle en se serrant dans ses bras, cependant que le cheval s'emportait sous une fouaillée. Il est impossible qu'il ait eu le temps de nous voir.

— J'entends cependant les pas d'un homme qui court derrière la voiture ! fit Achille très ému.

Elle prêta l'oreille, sans oser regarder à la petite lucarne que couvre un rideau de drap rembourré. Il n'y avait pas de doute. Un pas d'homme s'entendait sur le pavé, se hâtant, à mesure que se hâtait lui-même l'emportement du fiacre.

— Perdue ! je suis perdue ! fit Emilienne. Il va me tuer !

— Ça, non ! s'écria Achille.

Et, perdant absolument la tête, il tira son revolver de sa poche, le braqua contre la petite meurtrière de verre et, se retournant brusquement, il tira.

— Tant pis pour lui !

Ils entendirent distinctement un cri, une chute, une rumeur de gens. Mais le cocher fouettait, fouettait !... Ils étaient hors d'atteinte. Une minute encore et, plus morte que vive, Emilienne rentrait au domicile conjugal, se demandant quelles seraient les suites de ce drame affreux.

II

— J'ai tué un mari ! me dit Achille, en entrant, quelques instants après, comme une bombe chez moi. Cache-moi ! On va certainement venir m'arrêter !

Et il tomba, comme une masse inerte, sur une chaise, pâle, anéanti. Un peu remis, il me contait son aventure telle que je viens de vous la dire, sans me nommer la dame toutefois. Je lui promis de lui donner asile et de l'aider à quitter la France, ce qui d'ailleurs ne sert absolument à rien aux assassins. Comme j'avais achevé de le réconforter, ou à peu près, un domestique que je suppose, ce qui me permet de lui attribuer une livrée magnifique à mes armes, entra mystérieusement et me dit quelques mots à l'oreille.

— Fichtre ! ne pus-je retenir. M. Pétalas ?

— Monsieur Pétalas lui-même ! me répondit mon somptueux laquais en s'inclinant jusqu'à terre.

Je me rendis précipitamment, en m'excusant auprès d'Achille de le quitter aussi brusquement, dans mon cabinet de travail, où je trouvai mon ami Pétalas, la figure enveloppée d'une serviette sanglante. Il avait la mâchoire — une assez vilaine mâchoire d'ailleurs, même avant l'accident, visiblement fracassée par une balle, et ce fut avec des grimaces tout à fait comiques, des bégaiements à se tordre, une imitation de Baron à faire la fortune d'une revue, qu'il m'expliqua, comme il put, que, de la lucarne postérieure d'un fiacre, un inconnu l'avait fusillé à bout portant.

— Bigre ! repensai-je. Je ne savais pas qu'Achille fît Pétalas cocu. Et j'ajoutai, pour lui éviter une fatigue :

— Je sais tout, ne m'en dis pas plus long. Tu t'es trompé.

— Comment ! bafouilla-t-il en se contorsionnant le visage à m'étouffer, je me suis trompé?

— Oui. Tu as agi avec ta légèreté habituelle. Les gens qui étaient dans ce fiacre ne sont pas ceux que tu croyais.

Et je bénissais la Providence qui me permettait de sauver peut-être une situation aussi délicate. Il continua comme il put :

— Il est certain que si j'avais su que c'était un assassin qui était dedans, j'aurais choisi un autre fiacre.

Je ne comprenais plus du tout. Ne me sentant plus la force de garder mon sérieux devant sa grotesque pantomime, je lui tendis un crayon et une feuille de papier.

— Voyons, lui dis-je. Ecris-moi ce qui t'est arrivé.

Et, pendant qu'il rédigeait son procès-verbal, en geignant comme une vieille chouette blessée, je remontai rapidement auprès d'Achille, qui m'avait fait demander et que je trouvai ivre de joie.

— Vois et lis ! me dit-il en me tendant une lettre qu'on venait de lui apporter.

Je lus curieusement. C'était Emilienne qui lui

écrivait en style télégraphique : « Trouvé mari tranquille en train de fumer pipe à la maison. Avons fait erreur. »

— Eh bien ! te voilà propre ! fis-je à Achille qui redevint subitement sérieux. Tu n'as plus même d'excuse pour avoir à moitié assassiné le noble Pétalas.

— Pétalas !... Péta...

— Oui, mon ami, le généreux Pétalas dont tu as odieusement fracturé la margoulette, après avoir essayé de le déshonorer dans ta pensée.

— Mais je ne le connais pas !

— C'était une raison de plus pour ne pas le massacrer inconsidérément.

Au fond, je n'y comprenais plus rien du tout. Après avoir prié Achille de se tenir tranquille, je redescendis à mon cabinet. Pétalas avait fini de rédiger son factum. En voici le contenu, mot pour mot : « Ayant bu un peu trop de bière, à l'estaminet, avec mon ami Van de Putt, j'avais un terrible besoin d'en mettre un peu à la porte de ma vessie. Alors Van de Putt me dit : « Sais-tu comment nous faisons à Bruxelles quand il commence à faire nuit et que cela nous arrive ? — Ma foi non ! — Nous sortons et nous nous installons contre le premier fiacre arrêté dans la rue, entre les roues de derrière. » J'eus la sottise de faire ce que me disait cet animal de Van de Putt. Je sortis. Je m'installai derrière un fiacre qui semblait posé là tout exprès. Je venais de commencer ma liquidation. Mais, crac ! Deux voyageurs s'élancent dans la voiture qui file comme une flèche. Impossible de m'arrêter dans ma naturelle expansion. Pour ne pas demeurer dans la rue indécemment mis à l'air, je me mets à courir derrière le fiacre en m'inondant les genoux. Pan ! un misérable me mitraille. Voilà. »

— Généreux Pétalas, lui dis-je, ce misérable est un de mes meilleurs amis, mon précieux Achille de Laverdurette. Je bénis une Providence qui met inopinément en relations deux hommes qui ne se connaissent pas et qui me sont également chers.

Je pesai sur un timbre d'or. Mon majestueux valet apparut.

— Montez quérir M. de Laverdurette au salon, lui dis-je, pendant qu'il s'inclinait au point d'en déchirer sa culotte de soie mauve.

Achille apparut. Le sublime Pétalas s'en fut droit à lui, et lui tendant la main :

— Sans rancune ! lui dit-il d'un accent dont je n'oublierai jamais la noblesse.

— Ah ! c'est vous, maladroit ? fit Achille qui a toutes les arrogances de la naissance.

Je n'eus pas de peine à lui faire sentir que cette apostrophe était d'un goût douteux. Se radoucissant, il condescendit à faire des excuses à sa victime.

Ils sont très liés maintenant. Ils ne se quittent plus. Ah ! comme les femmes, tout de même, sont plus justes que nous ! Emilienne, plus intelligente qu'Achille et plus équitable surtout, a compris — elle — qu'une réparation était due à ce pauvre Pétalas. Et maintenant, de deux jours l'un, pendant qu'Achille va à son bureau, c'est avec Pétalas, dont la mâchoire est suffisamment remise, qu'elle marivaude dans l'inconstant lit d'hôtel, à l'heure où le jour, tamisé par des rideaux, n'est, au dedans, qu'une poussière peu dense de clarté, une raie de lumière rose à l'endroit où se rejoignent insuffisamment les lourds tissus ramenés l'un contre l'autre.

FAITS DIVERS

FAITS DIVERS

I

Je sais que d'aucuns m'accusent et me reprochent de tirer, de la seule perversité naturelle de mon esprit, les contes saugrenus dont, comme le Petit Poucet de son pain, je sème mon chemin, mais non pas, comme lui, dans l'espoir de le retrouver plus tard. Car le chemin de la vie n'est pas de ceux qu'on fait deux fois ; et d'ailleurs c'est aux étoiles, comme les prêtres chaldéens, que je demande ma vraie route. Or je les veux convaincre aujourd'hui que je peux, comme un autre, être actuel, moderne et contemporain, servilement esclave des événements et narrateur de choses vues. Car si tout n'est pas authentique et fidèlement exact dans les deux récits qui vont suivre, je veux bien être condamné aux plus affreux supplices, y compris celui de lire la *Revue des Deux-Mondes*. Oui, je veux prouver que mes inventions demeurent presque toujours au-dessous du réel. Alors pourquoi ne pas inventer, uniquement pour avoir la faculté de doser, en bon apothicaire, la ridicule et l'inconvenance ? Amateurs de vérité quand même, écoutez ou lisez, suivant que vous avez de mauvais ou de bons yeux.

C'est les tribunaux qui nous fournissent ces deux facéties. Les juges sont souvent comiques. Mais leurs clients le sont quelquefois aussi. Au demeurant, le prétoire est un spectacle à bon marché dont Jules Moinaux a fort gaiement fixé le répertoire. Je lui dédie donc ces deux causes qu'il eût su, mieux que moi, rendre plaisantes assurément.

Il n'était question que de l'une des deux, à Toulouse, quand j'ai quitté la ville, toujours avec le même regret au cœur. On me l'avait contée au sortir du théâtre des Variétés où j'avais été regarder et ouïr une délicieuse pantomime dont notre confrère B. Marcel et l'excellent musicien Armand Raynaud sont les auteurs, dont le Pierrot exquis s'appelle mademoiselle Delacroix. C'est, de vous à moi, un bijou que ce *sonnet* dont toute la critique méridionale a fait un légitime bruit et que quelque scène bien avisée de Paris représentera bientôt, je l'espère. — Un bijou d'invention et de musique qui attendrit et enchante, tour à tour, un des publics les plus gouailleurs que je sache au monde. J'en ai presque voulu à ceux qui m'ont distrait de ma poétique et délicieuse impression pour me jeter au nez un procès grassouillet que mon ami Raymond Dayres avait plaidé quelques jours auparavant avec une verve doucement rabelaisienne.

Dans un ménage ancien déjà, où le mari seul était demeuré amoureux, celui-ci venait d'obtenir la séparation de corps pour une série de sévices dont l'une, au moins, était d'un caractère particulièrement pantagruélique et dont l'invention revient à Madame, je le reconnais à son honneur. Ayant épuisé toutes les autres façons de décourager la tendresse obstinée de son époux, elle avait imaginé de ne le plus accueillir dans le lit conjugal qu'en braquant sur lui son canon naturel. Et si l'imprudent poursuivait son attaque, c'était par une artillerie bien nourrie qu'elle tentait d'éteindre son feu. Oui, mes enfants, ce fait figurait parmi les griefs du mari et les gens de l'audience n'en ont rien ignoré. Vous voyez d'ici les détails du siège ; l'assaillant s'avançant plein de fierté et l'investie l'accueillant à bout portant de son vacarme meurtrier aussi bien à l'oreille qu'à l'odorat. Les paysans racontent volontiers que, lorsque le renard se sent forcé par les chiens, il leur lâche ainsi, au museau, une vapeur si violemment infecte que les malheureux s'arrêtent net pour exhaler cette nauséabonde bouffée. Mais s'inspirer de cette tradition cynégétique pour défendre sa vertu est une idée nouvelle assurément. Voilà un bon enseignement et un utile exemple à donner aux pucelles qui ne veulent pas revenir d'Orléans.

Ah ! J'aurais imaginé cela que les d'aucuns dont j'ai parlé plus haut n'auraient pas eu assez de pierres à jeter dans mon jardin, — ce qui m'est égal d'ailleurs, dès qu'elles ne tombent pas dans ma vessie, — sous prétexte que nos menus propos sont graveleux. Eh bien ! ces très graves gens qui s'appellent magistrats et tout un bon peuple d'artistes latins se sont esclaffés à cette révélation domestique, et l'ombre charmante de Clémence Isaure n'en a pas paru offensée, et les douces musiques des cours d'amour ne se sont pas endormies pour cela dans le beau jardin des poétiques souvenirs où le printemps sonore caresse d'éternels feuillages.

II

L'autre procès, non moins récent, dont je vous veux parler, s'est plaidé devant le tribunal civil de Nevers, les faits ayant eu lieu à Decize, chef-lieu de canton de la Nièvre. Vous voyez si je suis précis. Voulez-vous que j'ajoute que c'est M. le président Couinande qui a rendu l'arrêt ?

Encore deux époux qui ne pouvaient pas s'entendre. Mais non plus d'âges à peu près égaux, ceux-là, et non mariés depuis si longtemps. Monsieur frisait la soixantaine, — tout ce qui reste à friser, hélas ! quand on n'a plus de cheveux. — Madame s'épanouissait, au contraire, dans la fleur de sa vingt-cinquième année. Vous croyez immédiatement que c'est elle qui protestait contre cet hyménée où elle semble, au premier abord, avoir été sacrifiée? Pas du tout. Alors, c'est sur des motifs d'infidélité que le vieux barbon fondait sa requête? Dieu me garde de calomnier une honnête femme à qui son époux rendait, sur ce point, une justice exagérée, je l'espère. Non! je vous donne, entre mille, à deviner le motif de séparation invoqué par cet exigeant monsieur. Donnez-vous votre langue au chat? C'est peut-être ce qu'il aurait eu de mieux à faire. Ce singulier jeune marié a accusé sa femme d'une chose bien inattendue. Il a prétendu qu'elle n'avait pas de sexe ! ! ! Vous figurez-vous un peu cela? L'enquête avait commis un médecin et une sage-femme à l'examen de ce cas étrange. Le médecin et la sage-femme ont affirmé gravement que la nouvelle épousée était parée de tous les attributs que lui devait la nature. L'opinion générale a été que le demandeur en avait juste assez pour enfoncer une porte déjà ouverte, et le tout s'est terminé par un arrêt à l'honneur de la vertu de madame X...

Le tribunal toulousain avait fort spirituellement renvoyé ses clients dos à dos, comme on dit au Palais, ce qui forçait simplement Monsieur à changer sa cuirasse de côté. Le tribunal nivernais a simplement débouté de sa demande le sexagénaire qui se plaignait que la mariée fût... non pas trop belle, mais trop obstinément vestale. Ah! sapristi! si j'imaginais de toutes pièces une cause aussi scandaleuse, quel scandale parmi ceux qui n'aiment pas à rire ! Heureusement que, cette fois-ci du moins, je ne suis qu'un scribe consciencieux, enregistrant deux faits divers judiciaires que tout le monde a pu lire, dans les feuilles locales, comme moi !

III

Mais, morbleu ! je me vengerai de l'humilité de mon rôle en écrivant, sur ces deux histoires, un commentaire de mon choix. Ha ! que pensez-vous franchement des époux qui, ayant assez l'un de l'autre, vont livrer à la justice, c'est-à-dire au public, des confidences de ce genre ? Qu'un honnête homme trompé par une coquine veuille reprendre sa liberté et le droit de refaire sa vie avec une compagne plus digne de lui ; qu'il recoure, pour cela, à la loi qui seule peut rompre une chaîne intolérable désormais, rien de mieux. Mais que des êtres qui sont venus l'un à l'autre ne sachent pas se séparer sans avoir auparavant rempli leur alcôve de boue, c'est ce qui me semble absolument épouvantable et monstrueux. Tout homme qui révèle, fût-ce par un sentiment inepte seulement de vantardise, ce qui se passe entre sa femme ou sa maîtresse et lui, m'inspire un dégoût que je ne saurais vraiment dire. De pareils propos ont un caractère de cynisme et de profanation dont je m'indigne… Tout est sacré et doit demeurer mystérieux dans le monde des caresses, même quand celles-ci se transforment en insultes. L'homme qui n'a pas le respect de son lit est un pur goujat.

Et puis, enfin, tous ces époux qui, publiquement, disjoignant leurs noms et leurs vies et qui ont souvent bien raison de le faire, comment ne se disent-ils pas qu'ils ont toujours à leur service des griefs moins humiliants à invoquer que les réalités, monstrueuses bien que vraies, que l'existence commune a dressées entre eux? Quelle bonne plaisanterie dans le Code nouveau du divorce que d'avoir supprimé la cause ancienne du consentement mutuel! Qui peut empêcher les époux, bien décidés à se quitter, de jouer une comédie? Quel être n'est pas assez adroit pour se faire donner un soufflet en en poussant un autre à bout? Mais cette exhibition, au tribunal, d'infirmités honteuses ou d'injures d'un caractère particulièrement bas, comment la pudeur publique en est-elle venue à ce degré d'abdication? Quand ces misérables sont allés l'un à l'autre, prenant à témoin des prêtres et des magistrats, — à moins d'avouer ignoblement qu'ils faisaient une affaire, — ils portaient, au moins pour une heure, la livrée menteuse de l'amour. Ah! qu'ils feraient mieux de la jeter au foyer abandonné, pour n'en faire qu'un tas de cendres, que d'en traîner les loques salies devant les revendeurs du Temple! Si la désillusion est vraiment venue pour l'un des deux, n'est-il pas des façons honnêtes de se dire un éternel adieu? J'ai connu des époux qui, ne s'étant rien pardonné au fond, demeurés désormais par le fait, et volontairement, étrangers l'un à l'autre, n'en demeuraient pas moins, pour le monde, et peut-être pour eux-mêmes, dans les mêmes termes apparents d'existence commune et de courtoisie. Ils donnaient un fort bel exemple, à mon avis. Tout vaut mieux que d'exhiber, comme les mendiants au seuil des églises espagnoles, des plaies hideuses excitant bien plus l'horreur que la pitié des passants.

Ah ! décidément, la réalité est trop malpropre, et je vous jure bien que le premier conte que vous aurez de moi ne sortira que de ma cervelle. *Si non è vero...* ce sera, du moins je l'espère, joyeux !

ALERTE

ALERTE

A Charles Toché.

I

Vous savez qu'il a failli y passer, le joyeux camarade Guillery, ce qui eût été une vraie perte pour la gaieté française et aussi pour l'art où il excelle. Le moins qu'il ait risqué, après avoir été tout près de perdre la vie, ç'a été de subir le poids des nouvelles lois. Ah! c'est une aventure épouvantable, dont le souvenir m'obsède encore, et je vous demande pardon si, au lieu de quelque conte galant, je vous narre, en son menu détail, ce tragique événement.

Le joyeux camarade Guillery — oh! il n'y a pas huit jours de cela — était allé passer quelques jours en Touraine, dans le pays de sa femme, un pays où l'on fait de bien charmantes femmes et de délicieux pruneaux. Mettons que ce fût à Chinon ou à Loches. J'ai juré de respecter, jusqu'à un certain point, le mystère dont cette aventure mérite d'être entourée. Madame Guillery dînait, ce soir-là, chez ses parents et notre précieux compère était allé goûter, chez son camarade d'enfance, l'excellent abbé Avelin, curé de Notre-Dame-des-Godebilleaux, un saumur mousseux de l'année, lequel arrosait une dinde parfumée de marrons; simple régal, mais qui vaut bien les inventions culinaires les plus raffinées. Vous le connaissez comme moi, ce saumur qui pétille à la champenoise et décoiffe sa bouteille avec un tapage surprenant. Bon enfant, mais un peu casse-tête. Et joyeux dans le verre où il fait monter d'innombrables perles d'or! Quant à sa mousse, elle est comme une fleur de neige et c'est avec raison que le prince des critiques refuserait, comme il l'a fait il y a quelques jours en son gracieux feuilleton, d'y enfoncer le scalpel. Mieux vaut, en effet, y mouiller ses lèvres et même ses doigts pour les lécher après, comme les gens bien élevés ne manquent jamais de le faire. Et l'excellent abbé Avelin, qui a de généreuses ouailles, possédait, de ce tant aimable vin, un échantillon dont notre Rabelais se fût pourléché comme un jeune chat friand de lait écumeux. On en but donc copieusement, et même davantage, les menus propos courant parmi les fusées de saumur délivré, puis emprisonné de nouveau, les menus propos de haulte gresse; car l'abbé Avelin n'est pas bégueule et notre joyeux camarade Guillery est un des derniers représentants de l'héroïque gaieté des aïeux. On parla de tout et même du reste, de la vertu des femmes, des propriétés de l'anis, du canal des Deux-Mers; que sais-je encore? Tout cela avec de belles plaisanteries qui secouaient les mots dans l'air, comme des grelots. Et, comme c'était samedi, on se promettait — monsieur le curé excepté, qui avait sa messe à dire — une grasse matinée pour le lendemain où s'évaporeraient paisiblement, en un doux sommeil, toutes ces fumées. Aussi minuit arriva-t-il rapidement, et sans qu'on eût quitté la table où la dinde n'était plus qu'un mythe et les bouteilles, tout à l'heure pleines, une illusion. *Vanitas vanitatum!* Pour sa part, notre joyeux camarade Guillery en avait remis en tonneau dans sa barrique naturelle, dont les cerceaux pétaient, une bonne douzaine de bouteilles à l'acide carbonique insuffisamment évaporé, dans l'espace d'une vingtaine de pipes qui avaient enfermé un véritable nuage dans la salle à manger du presbytère. Car Guillery n'a jamais de montre et compte le temps par le nombre de pipes qu'il a fumées depuis le matin. C'est une clepsydre à tabac. Il vous dit : « Il est sept pipes et quart. Nous ne tarderons pas à déjeuner. » Au fond, ce n'est pas plus bête que d'observer la marche du soleil et ça entretient le gouvernement qui serait joliment embêté le jour où triompherait la Ligue contre l'abus du tabac.

On se dit donc adieu sur le seuil du presbytère, sous un beau rayonnement de lune qui mettait comme un duvet de lumière à la crête des toits. Il gelait d'ailleurs à pierre fendre, — *à bière vendre*, comme disent les brasseurs alsaciens qui aiment infiniment ce temps-là. Le pavé était miroitant et comme diamanté par endroits. Le roi Givre, comme dit la légende russe, avait jeté, par-dessus les branches noires, son écrin de pierreries. Notre compère Guillery, après avoir serré la main de son hôte et de ses commensaux, avait repris, seul, le chemin du domicile, où respiraient sa femme et son beau-père.

II

Et ce fut un effet, médicalement connu d'ailleurs et fréquemment observé, que, le froid le saisissant après ces libations copieuses, son ventre se gonflât démesurément et se durcît, au point qu'en tapant dessus il rendait le son d'un tambour et même d'une porte de buffet. Ce fut d'abord, pour la victime de ce phénomène physiologique, auquel le gracieux nom de tympanite a été donné, une certaine gêne dans la respiration. Il lui semblait que ses tripes lui remontaient dans les poumons, ce qui est au moins aussi terrible que quand le sang se mêle avec les nerfs, comme on dit dans le peuple, à Toulouse, pour exprimer que quelqu'un est bigrement malade. Puis le gonflement devint absolument douloureux, le volume abdominal ayant triplé en fort peu de temps, si bien que notre pauvre Guillery pouvait à peine rejoindre ses mains sur son estomac, dans l'attitude d'une prière désespérée. Pour le coup, ses côtes allaient éclater, c'était certain ! Oh ! les froides vengeances de l'acide carbonique qu'on a déplacé de ses habitudes sédentaires dans les caves sacerdotales ! Cette rancune de saumur qui se plaisait infiniment mieux dans la maison de vieux chêne du sage qu'en compagnie de débris de volaille et de marrons indigestes ! Notre infortuné Guillery sentait, en même temps qu'augmentait son volume, diminuer son poids spécifique, si bien qu'il lui fallait longer les murs pour éviter le vent et s'accrocher aux marteaux des portes pour ne pas être enlevé comme un ballon. Voyez-vous, tout à coup, deux lunes dans le ciel? On en eût fait une maladie à l'observatoire de Montsouris. C'eût été aussi extraordinaire que dans cet admirable décor d'*Antigone*, à la Comédie-Française, où la façade d'un palais est dans l'ombre, au milieu d'un paysage en pleine lumière. Il était temps que Guillery arrivât à son propre seuil pour s'y cramponner et appeler au secours d'une voix étranglée. Car maintenant cette invasion gazeuse lui atteignait le cou et y comprimait les organes les plus essentiels à l'exercice de l'art oratoire. En le voyant dans cet état, madame Guillery et son beau-père ne poussèrent qu'un même cri d'effroi. Vite ils refermèrent la porte, que le malheureux avait franchie à grand'-

peine, bien qu'on en eût ouvert les deux battants, et sans s'être aperçu que deux personnages de très mystérieuse allure, ayant vraisemblablement suivi le promeneur nocturne, s'étaient glissés dans l'ombre de la maison, en se concertant à voix basse, comme les anciens conspirateurs vénitiens.

Sans le moindre effort, — car il ne pesait plus que quelques onces à peine, en vertu du précieux principe d'Archimède, — madame Guillery et son papa étendirent sur le lit conjugal l'infortuné qui râlait. Et vite, vite, toujours sans faire attention aux deux mystérieux personnages du dehors, on courut chercher le prêtre et le médecin, tant l'état du malade paraissait grave et comme désespéré. Mais je t'en moque! tous les médecins couraient le guilledou cette nuit-là, comme des chats enamourés, non pas cependant sur les toits toujours duvetés de lumière blanche. En revanche, l'excellent abbé Avelin, interrompu dans son premier et innocent sommeil, se leva en toute hâte et accourut, sans même avoir pris le temps de passer sa culotte, ce qui n'était préjudiciable que pour lui, puisque sa soutane le couvrait jusqu'aux talons. A peine eut-il vu le patient, qu'il eut la poitrine comme emplie d'un soupir de soulagement.

— Je sais ce que c'est! fit-il en homme déjà vieux et expérimenté en ces sortes de choses.

Et il souleva les draps, ce qui fit fondre en larmes madame Guillery, celle-ci cuidant qu'il allait bailler l'extrême-onction à son époux agonisant.

Mais rien ne ressembla moins aux attouchements discrets du saint-chrême que la gymnastique à laquelle se livra le bon ecclésiastique, lequel se mit à frotter furieusement, de toutes ses forces, le ventre de notre Guillery, pesant dessus de tout son poids et le massant, dans le même sens, avec frénésie.

III

Cette médicamentation énergique fut bientôt suivie d'un extraordinaire effet. Comme un jeune élève du Conservatoire qui aurait commencé par la petite flûte pour aborder ensuite le trombone, Guillery commença à s'exhaler harmonieusement, sans avoir même à prendre la peine d'ouvrir la bouche, en notes fines et allongées d'abord comme des brins de macaroni, puis mugissantes et saccadées comme la voix croissante de la foudre. On se serait cru à un menuet sous Louis XV tout à coup suivi d'une bataille. Ça avait commencé par des soupirs de hautbois, pour se continuer en fusillade crépitante et se parfaire en une canonnade furieuse. Les tableaux de Napoléon que joue, en ce moment, l'ami Rochard, ne se succèdent pas avec une rapidité plus grande et de plus saisissants contrastes. Où le rossignol avait chanté tout à l'heure, le taureau furieux maudissait l'amour. C'était devenu grandiose. Un roulement, puis de solennelles intermittences que scandaient de véritables explosions.

— Il est sauvé ! il est sauvé ! criait joyeusement l'excellent abbé Avelin, tout en cherchant des positions pour ne pas être mitraillé à bout portant.

— Au nom de la loi, ouvrez ! cria derrière la porte une voix malgracieuse.

A cette proposition déplacée, Guillery répondit par une véritable salve d'artillerie.

La porte céda et deux hommes entrèrent comme des furieux. Mais, juste à ce moment, un vent effroyable, toujours sorti de Guillery, les précipita vivement dans un angle de la pièce où ils roulèrent l'un sur l'autre.

En cette suprême tempête, Guillery s'était complètement dégonflé.

Cela permit de se reconnaître et de tout accommoder en de conciliantes explications. Les deux messieurs qu'un zéphyr indiscret avait malmenés appartenaient à la police spéciale qui poursuit aujourd'hui les anarchistes avec un zèle dont tous les députés lui savent un gré infini. Voyant un homme dans l'état de gonflement où était Guillery, une heure auparavant, ils n'avaient pas douté un instant que ce fût un prédicateur par l'action rapportant chez lui, et sous ses habits, une provision de dynamite. Demeurés à la porte et ayant entendu le bruit que vous savez, ils s'étaient corroborés dans l'idée que ce misérable, à travers mille dangers et mille détonations partielles, était en train de préparer ses détestables engins. L'effroyable et bruyante bouffée d'air qui les avait accueillis et balayés comme des feuilles les avait convaincus davantage encore et ils avaient recommandé leur âme à Dieu.

Mais maintenant, et après avoir écouté M. le curé, tout s'expliquait à merveille et il ne leur restait plus qu'à s'excuser, ce qu'ils omirent complètement de faire, se contentant d'emporter toute la correspondance de Guillery, ce qui fit grand plaisir à celui-ci, car c'était autant de lettres de moins à répondre.

Et le bon abbé Avelin, après avoir essuyé les larmes de joie de madame Guillery et de son papa, put rentrer enfin au presbytère. Il faisait petit matin et la première messe sonnait au clocher paroissial. Au doux bruit campanulaire qui remplit l'âme du poète de souvenirs, Guillery mêla quelques échos lointains de sa colique passée et le tout s'envola dans le ciel où la lune, devenue pâle comme une morte, s'enfonçait dans son suaire de légères nuées.

LA VEILLÉE

LA VEILLÉE

I

Versez vos dernières larmes, vous qui aimez les maisons du vieux Paris, avec leurs auvents de bois vermoulu, comme on n'en trouvera plus bientôt qu'à Bourges. Un des plus curieux carrefours qu'eût respectés jusque-là le vandalisme humanitaire de nos édiles va perdre son antique physionomie, et du ventre de Paris, à deux pas des Halles, des chirurgiens éhontés vont enlever cette loupe pittoresque. L'uniforme et monotone blancheur des maisons dites de rapport va s'épanouir jusque dans ce coin que le temps avait lentement bariolé de couleurs bizarres. Aux promeneurs curieux les noms des rues Pirouette et Mondétour ne diront plus rien. Ainsi la grande cité continue à s'embourgeoiser cruellement. Je suis de ceux qui en gémissent, ayant gardé tous les cultes du passé.

J'ai donc été, en un pieux pèlerinage, revoir les délicieux taudis qui vont disparaître, là où avait battu le cœur des aïeux pour les libertés premières, là où avaient aimé et souffert un tas de pauvres bougres dont un peu de sang est peut-être encore dans nos veines. Ce quartier de la Truanderie avait été particulièrement galant. Jehanne la Belle Haulmière, tant aimée de Villon, y avait tenu les coupables et vénales assises de sa beauté. Est-ce dans sa maison que je suis entré? Mais son image m'a hanté toute une après-midi. Autour de la cheminée haute aux angles amortis, aux grossières sculptures visibles encore, je me suis imaginé toutes ces drôlesses vieillies,

> Assises tout à croppeton,
> Et dans un coin, comme pelotes,
> Auprès d'un feu de genevrotes
> Tôt allumées et tôt éteintes,

comme nous les montre l'admirable poète des *Testaments*, et je me suis remémoré que j'avais lu autrefois, touchant l'une d'elles, un conte dont je voudrais retrouver la saveur pareille à l'arome ranci des étoffes surannées que de belles filles défuntes ont portées autrefois. Parbleu! inventons que ce soit Jehanne la Belle Haulmière qui, dans un lit misérable, entre ces murs aux tentures déchiquetées où va s'abattre le fer, fût en train d'exhaler les restes d'une âme où les hommes avaient tenu infiniment plus de place que Dieu. Car elle n'avait rien gardé des splendeurs de sa vie de courtisane adulée des cavaliers et des clercs. Un à un, les oripeaux qui la rendaient si fière étaient passés aux mains du juif crasseux, et ses bijoux, rachetés à vil prix, pendaient aux bras et aux oreilles d'autres filles qui ne les garderaient pas sans doute davantage, car la débauche, comme la richesse, a des héritages qui se transmettent ainsi de génération en génération.

II

Auprès de sa couchette délabrée, dont chacun des mouvements de son agonie tirait un gémissement ridicule, guettant ses dernières convulsions avec une curiosité sans grande douleur, étaient venues des compagnes de sa jeunesse, vieilles et décrépites comme elle, et qui n'avaient pas plus saintement vécu : Margot la Mouflue et Germance la Balafrée, sans oublier Isabeau la Humeuse, trois ribaudes qui avaient rôti des balais de quoi nettoyer tout Paris ; toutes joyeuses filles de la bohème d'antan, triste troupeau que le Temps poussait, à coups de fouet, vers la tombe banale que ne fleurit aucun souvenir, jadis dodues comme des cailles de leur mauvaise graisse de catin, maintenant grinçantes, en leur maigreur, comme des girouettes rouillées,

Débris d'humanité pour l'éternité mûr,

comme a dit magnifiquement Baudelaire.

Néanmoins, quand le prêtre — ô miséricorde de la foi que nous avons tort d'oublier! — était entré dire à l'agonisante les mots consolants qu'elle n'entendait plus que comme un bourdonnement de mouches contre les carreaux, et toucher, avec les huiles saintes, son front inondé et ses chevilles frissonnantes, elles s'étaient agenouillées — les vieilles bourriques — avec une extraordinaire ferveur, poussant des sanglots à fendre les murailles dès ce temps-là délabrées, exhalant des hi! des ha! des hihi! des haha! des boù! boù! boù! à faire miauler de jalousie tous les chats courant sur les toits, comme pour guetter, diaboliques animaux, l'âme de la vieille pécheresse quand elle traverserait le tuyau de la cheminée et la happer comme une souris. Jehanne la Haulmière, elle, continuait à se cramponner à ce souffle qui n'allait plus laisser, de sa toute coquette personne, qu'une carcasse à jeter dans un trou.

Mais quand le prêtre fut parti, les hi! les ha! les hi! hi! les ha! ha! les boù! boù! rentrèrent dans toutes les mâchoires aux crocs flottants, et les trois vieilles, trouvant que leur amie mettait bien longtemps à mourir, allèrent s'asseoir auprès du feu, se contentant de jeter, de temps en temps, un regard sur son lit, simple curiosité de savoir où elle en était de son trépas et si on pourrait aller se coucher bientôt. Mais Jehanne avait toujours été d'une nature indiscrète, très égoïste au fond, et incapable de hâter, par complaisance, même son dernier soupir. Ce n'est pas tous les jours qu'on trépasse, et elle s'en donnait de trépasser à son aise, sans se soucier un instant des commodités de ses voisines.

Cependant, celles-ci, qui commençaient à en avoir assez, causaient à demi-voix, pour se distraire, dans la rougeur tremblotante de sa haute cheminée.

— Vous rappelez-vous, disait Margot la Mouflue, le joli clerc que cette mâtine de Jehanne avait essayé de me voler, car elle n'était pas autrement délicate? Il est devenu conseiller et gros comme un muid. Je l'ai rencontré l'autre jour qui sortait de Saint-Eustache, et il ne m'a pas seulement regardée. Ah! les hommes sont de fiers salops! Du reste, il a bien fait. Car je n'aurais pas voulu de lui; et si j'ai changé d'âge, je n'ai pas changé de goût. Le seul homme qui me puisse plaire est un blond mélancolique et rêveur.

— Eh bien! nous ne nous le serions pas disputé, fit à son tour Germance la Balafrée. Mon type ne ressemble guère au vôtre, la Mouflue. Vous savez bien ce drapier à qui Jehanne avait le toupet de faire les yeux doux? — car, maintenant qu'elle ne peut plus nous entendre, nous pouvons convenir que c'était la plus rude peste de son temps. — C'est le seul amant que j'aie sincèrement aimé, parce que c'était un vrai luron. Il avait beau être mal fichu, manquer tout à fait de distinction et d'élégance, voire même être ridiculement petit, c'était un gaillard qui n'avait qu'à paraître pour me charmer. Toujours une chanson grivoise ou quelque histoire galante aux lèvres! Buvant sec, riant aux larmes, se moquant de tout. Moi aussi, je l'ai revu, un jour, à un défilé de syndics. Il est toujours le même, et s'il avait voulu!... N'est-ce pas, Isabeau la Humeuse, que le vrai bonheur est avec un gaillard comme ça?

Isabeau la Humeuse, tout en taquinant du bout des pincettes rouillées le dernier tison de l'âtre d'où montaient, sous le choc seulement, de rares étincelles, éclata de son méchant petit rire de vieille et leur dit :

— Vous n'y entendez, ni l'une ni l'autre, absolument rien !

III

Et comme, un peu vexées dans leur amour-propre professionnel, Margot la Mouflue et Germance la Balafrée l'interrogeaient impertinemment de leurs petits yeux gris aux cils clignotants :

— L'homme qu'il me fallait, dit-elle, n'était ni pour me faire plaisir ni pour me faire rire.

— Comment vous le fallait-il donc, ma commère?

— Je vais vous le dire. Il est impossible que vous n'ayez jamais rencontré autrefois le bel homme d'armes dont Jehanne — Dieu ait son âme, mais la sale créature que c'était tout de même ! — avait tenté la conquête uniquement pour me faire un mauvais tour. Six pieds de taille, une poitrine large comme un rempart de ville, des bras à briser un arbre en l'étreignant, des jambes à faire vingt lieues sans fatigue, bête comme plusieurs oies d'ailleurs, mais prêt à se faire couper la tête pour le déduit, stupide mais convaincu, ne vous laissant jamais le temps ni de pleurer ni de rire. Allez, mes enfants ! voilà ce qu'il y a encore de mieux.

Une voix hoquetante, dont le timbre extra-humain sonna comme une volée de glas aux oreilles des vieilles épouvantées, murmura, très distinctement toutefois :

— Elle a raison !

Or, ces mots inattendus, ce propos d'outre-tombe déjà, sortaient de la couche de Jehanne, et un grand soupir les suivit que suivit, lui-même, un grand silence.

Alors, Margot la Mouflue, Germance la Balafrée et Isabeau la Humeuse, terrifiées, se levèrent, et, sur la pointe des pieds, de leurs pieds difformes et crochus, s'avancèrent vers le lit dont aucun souffle n'indiquait plus la place. dans l'obscurité de la chambre, dont le plafond seulement était taché parfois d'une flamme rose par une flambée suprême du tison dans l'âtre. Elles durent tâter dans cette ombre, la chandelle étant morte aussi. Un dernier sursaut de clarté rouge dans la cheminée leur permit, tout à coup, de voir Jehanne immobile, la bouche ouverte et convulsée, les yeux grands ouverts aussi et déjà vitreux.

Elle était morte.

C'était son dernier soupir qu'elle avait exhalé dans cette remarque où se résumaient les consciencieuses études d'une vie tout entière.

Et cet : « Elle a raison ! » évoqué de quelque conte ancien lu autrefois, me hanta, l'autre jour, dans la maison où, par un caprice d'imagination, je crus reconnaître la cheminée à laquelle s'étaient chauffées, cette nuit-là, les trois vieilles accroupies, et la place du lit où Jehanne la Belle Haulmière avait rendu au diable une âme que celui-ci saisit au vol, dans un flocon de petite fumée bleue, déguisé qu'il était en matou noir comme l'ébène, et courant de feints guilledous sur les tuiles glissantes du toit luisant de rosée au clair de lune.

PROBITÉ

PROBITÉ

I

« Le dessin, en peinture, c'est la probité. » Le mot est de M. Ingres et je le tiens pour fort beau. Mais mon ami Verduret ne s'en contente pas. Il trouve que la couleur, aussi, c'est la probité. Faire ce qu'il voit, implacablement, est en art sa devise. Il n'admet pas que la nature se trompe. Il croit à une logique des choses à laquelle nous n'avons aucun droit de mêler les billevesées de notre invention. Peintre de femmes, il faut lui entendre parler des brunes qui se font blondes et des blondes qui se font brunes, comme si tout ne se tenait pas si étroitement dans ce poème admirable qu'est le corps féminin, qu'on n'en pût impunément déranger l'ordonnance ! Tel teint implique telle nuance dans les yeux et telle nuance dans les yeux implique telle couleur de la chevelure. Ainsi des formes. Le petit doigt du pied n'est, au fond, qu'un commentaire du nez. Je choisis cet exemple pour ne pas évoquer une croyance populaire très juste, mais d'un goût douteux. Lavater a établi entre les signes répartis sur le corps des femmes une corrélation qui n'a pas été démentie. Ah ! quand Verduret vous a empoigné ce sujet, il faut l'entendre tonner contre les dames qui nous trompent sur quelque détail de leur précieuse personne ! Ce n'est pas à lui qu'on ferait avaler de ces bourdes-là.

Ah ! ce qu'il est honnête, ce Verduret ! Une verrue lui est sacrée à l'égal des plus nobles traits du visage. Aussi intolérant d'ailleurs, dans sa probité farouche, pour les choses de la vie que pour les choses de l'art. Verduret n'a jamais menti. Il n'admet pas que, pour sauver même la vie de son père ou de son enfant, on altère la vérité. Là, nous ne sommes plus d'accord. Je trouve le mensonge quelquefois sublime, sachant ce qu'il coûte aux natures droites. Mon Verduret est tout d'une pièce. Il n'admet pas non plus qu'on dise à une femme qu'on l'aime, quand ce n'est pas rigoureusement exact. Et cependant Verduret est amateur de belles filles. C'est encore, dit-il, une façon de suivre la nature en ses moindres errements. Ce goût n'est pas, d'ailleurs, un des plus désagréables. Seulement il est des belles filles qui entendent qu'on leur donne l'illusion de l'amour passionné, éternel, — simple politesse, presque formule de langage. Tant pis pour elles ! Elles n'auront pas mon ami Verduret.

Sa dernière bien-aimée, la jolie mistress Ouweston, légitime épouse du major Ouweston, amateur marchand comme on en voit aujourd'hui plus que d'autres — car le collectionneur loyal est presque un mythe aujourd'hui — n'avait pas été aussi exigeante. Parlant d'ailleurs mal le français, avec un accent britannique, il est, vrai délicieux, ne le comprenant pas beaucoup plus, elle ne fait des madrigaux quintessenciés qu'un cas relatif. Verduret est bien bâti, de solide encolure, entreprenant, amusant, et cela lui a suffi pour le trouver à son goût. Le major Ouweston fait aussi le plus grand cas de mon ami avec qui les relations commerciales sont charmantes. Verduret ne monte pas le coup aux marchands. Il leur dit ce qu'il a dépensé sur une toile avec une loyauté parfaite. Il calcule ce qu'il veut gagner, n'est pas exigeant et n'a qu'une parole (heureusement pas la même que Cambronne). Le major Ouweston, qui est un vieux finaud, aime traiter avec les honnêtes gens qu'il roule plus facilement que les autres. Verduret est son type. D'autant que j'oubliais de vous dire que Verduret a beaucoup de talent.

Ah ! j'oubliais de vous dire encore que mistress Ouweston est tout à fait charmante et borne sa coquetterie à tirer le meilleur parti de ses charmes naturels, sans jamais tenter de les dénaturer. Douée d'une admirable chevelure blonde et soyeuse, aux ondes d'or lourdes et luisantes, elle ne s'est pas empressée d'en foncer le ton, d'en rouiller le métal et de la crépeler. Elle ne se peint pas les cils. Et cette sincérité s'étend au reste de sa personne. Ni son corsage ni sa jupe ne montent, et, pour une Anglaise, elle est merveilleusement pourvue. C'est que Verduret ne se contente pas de la qualité ! C'est même la communauté de nos aspirations callipyges qui fut le premier anneau de notre amitié dans la vie. Élégante et copieuse à la fois, aristocratique et bien en chair tout ensemble, telle est cette exquise madame Ouweston.

II

Son major de mari était parti en février dernier pour faire des affaires à New-York, seul pays du monde, paraît-il, où l'on vende encore quelques tableaux. On peut dire qu'il était parti au moment psychologique. Car Verduret adore tromper les maris sérieusement absents. Non pas par lâcheté, au moins : il est brave comme une épée ! mais parce qu'il sent que, malgré lui, si un mari trompé par lui s'adressait à sa loyauté, il lui dirait tout, ce qui désoblige beaucoup les femmes. Il aime mieux ne pas courir ce danger. Et puis, il est de tempérament un peu jaloux. Il serait homme à ne se pas contenter d'en faire cocu un autre, mais à le vouloir encore tuer. C'est très dans la nature. Le départ du major a donc été pour lui un soulagement, et après l'avoir patiemment attendu il vient d'en profiter avec une conviction dont la jolie mistress Ouweston lui sait le meilleur gré. Je ne l'ai presque pas vu durant six semaines. Quand je le rencontrais et que je lui demandais ce qu'il devenait, il me répondait : « Je pioche mon Salon. » Et je me disais *in petto* : « Décidément l'homme le mieux intentionné est quelquefois réduit à mentir. » Eh bien ! je calomniais Verduret. Il piochait son Salon tout en faisant l'amour. Et il avait trouvé pour cela un stratagème très ingénieux vis-à-vis de lui-même et de ses amis. Il avait pris madame Ouweston pour modèle de la figure nue qu'il comptait envoyer et que vous avez vue d'ailleurs, comme moi, au Salon des Champs-Elysées. Bigre ! pour un homme qui se croirait déshonoré en trahissant la ressemblance du modèle ! Mais Verduret avait tourné la difficulté en ne présentant sa figure que de dos. Il s'était dit, avec beaucoup de raison d'ailleurs, que si le charmant visage de madame Ouweston avait été souvent remarqué au Bois ou aux premières représentations, le reste était parfaitement inconnu aux Parisiens. Et puis, pour les superficiels — et il estimait que le major Ouweston lui-même, trop occupé de son commerce, en était un dans les choses de la plastique passionnelle, — il savait qu'un dos est un dos, et rien de plus, une chose anonyme. Ah ! les fichues bêtes ! Mais je vous reconnaîtrais, mon amour, à ne voir qu'un dessin de votre épaule et une ligne de vos cuisses, aussi bien qu'à vous voir lever votre voilette. C'est une erreur absolument d'imaginer que le corps féminin n'a pas, d'un bout à l'autre, une physionomie caractéristique comme le visage. Il y a des chevilles bêtes et des chevilles spirituelles, des genoux qui pétillent de verve et des genoux qui endorment d'ennui, des nénés qui sourient et d'autres qui font la moue. Affaire d'observation, d'étude, seule intéressante dans la vie. Je vais fêter avec ferveur, dans quelques jours, le centenaire de l'Ecole polytechnique. Mais je n'en regretterai pas moins toujours que, dans le programme si complet des sciences qu'on y étudie, ne figure pas celle-là.

Comme tous les ans, je dois le dire, mon ami Verduret m'invita à venir voir son envoi, avant qu'il eût quitté l'atelier. Je soupçonnai bien, au ton admirable de la chevelure et à un certain ensemble de lignes, que c'était madame Ouweston qui avait posé pour lui. Mais les éléments d'une comparaison complète me manquaient absolument et il eût été d'ailleurs de mauvais goût de lui faire part de mes soupçons. Je remarquai simplement au-dessus du jarret, à la cuisse droite de sa figure, un grain de beauté qui mettait comme une mouche aux blancheurs légèrement ambrées de la chair à cet endroit. Comme je le regardais avec une obstination imbécile, Verduret, prévenant quelque question stupide sur mes lèvres, me dit avec une autorité péremptoire :

— Il y est !

Et je savais qu'avec lui c'était une assertion sans réplique. Toujours sa fidélité immuable à la vérité et sa piété envers les moindres caprices de la nature !

III

Le major Ouweston, l'amateur marchand, ne devait revenir que dans le courant de l'été. Mais il paraît que, même là-bas, on ne se débarrasse pas aussi aisément d'une toile que de sa bourse, les connaisseurs étant infiniment plus rares que les pickpockets. Seul Bouguereau est demandé encore, et malgré son activité il ne peut suffire à l'admiration des deux mondes, même depuis que M. Brunetière en dirige la revue. Comme une bombe, mon Ouweston est revenu, la veille même du vernissage, il y a deux jours. Verduret est d'une humeur de dogue, et j'ai vu comme une toute petite larme aux beaux yeux clairs de mistress Ouweston. Le premier soin du ménage est de demander à Verduret de lui faire les honneurs de son exposition, mistress contrainte à cette inutile politesse et le major sincèrement désireux d'acheter à Verduret sa toile, s'il veut la lui laisser à bon compte. Je les rencontrai tous les trois, Verduret et les Ouweston, se dirigeant vers son tableau à travers cette foule pareille à la mer dont les remous s'en viennent converger à la *Main chaude* de Roybet et s'y battre, en s'écrasant, dans une furie de vague humaine. Un sentiment d'inquiétude me vint à leur aspect, qu'augmenta encore l'air résolu de Verduret, sur lequel je lisais comme dans un livre ces mots encore invisiblement écrits :
« Oui, major, c'est votre femme et fichez-moi la

paix ! » O Verduret, bouche d'or ! Je les suivis, pour m'interposer, en cas de violences incongrues. Et de fait, quand le major Ouweston se trouva devant l'objet, il fronça le sourcil, nettoya à plusieurs reprises, avant d'en rechausser son nez, son binocle avec le coin de son mouchoir, grommela des lèvres, s'avança, se recula, mit sa main en abat-jour sur ses yeux, revint, regarda de plus près, toujours silencieux, mais perplexe, embêté, ayant l'air d'un homme qui ne sait par où il va commencer une conversation importante. Verduret, lui, prenait des façons indifférentes jusqu'à l'impertinence et mistress Ouweston était affreusement gênée. Tout à coup, posant son doigt sur le grain de beauté que j'ai signalé dans la figure, M. Ouweston dit avec un flegme parfait :

— Ça été bien à ce cuisse-là ? A la cuisse droëte ?

— J'ai fait ce que j'ai vu ! répondit, comme à l'habitude, Verduret.

— Vô en donné à moâ votre parole ?

— Ma parole ! Et puis vous m'embêtez ! répondit mon ami.

— Aôh ! yes ! que je vous embrasse, mon bon sir Verduret !

Et ce sacré Ouweston, avec un paradis épanoui sur la figure, pressait Verduret dans ses bras. Puis, se penchant vers moi tout bas, il me dit :

— Mon femme aussi en avait un, mais au cuisse gauche. Or, Verduret, jamais mentir.

On dîna, tous les quatre, fort joyeusement, ma foi, le major ayant acheté le tableau et l'ayant payé relativement cher, dans un accès de bonne humeur.

Quand je me trouvai seul avec Verduret, le soir, côte à côte dans les Champs-Elysées dont les marronniers frissonnaient légèrement au-dessus de nos têtes, effeuillant déjà leurs grappes roses et blanches, je ne pus m'empêcher de dire à Verduret :

— Sapristi ! pour un homme qui ne ment jamais, tu as un fier toupet !

Il me regarda avec des yeux innocents et naïfs. Je continuai :

— Et pour un homme qui ne change jamais rien à la nature, tu as un toupet plus fier encore.

Il me répondit alors tout simplement :

— Comprends pas !

— Comment ! ce signe qui est sous la cuisse gauche et que tu as mis sous la cuisse droite ?

— Je ne sais pas ce que tu veux dire. J'ai fait ce que j'ai vu.

Puis, tout à coup, se frappant le front :

— Ah ! oui, le mari t'a dit, ce malotru ? Eh bien non ! je ne lui ai pas menti.

— C'est trop fort !

— J'avais vu comme j'ai fait. Pour donner à ma figure plus de recul, j'avais peint mon modèle dans une glace.

Et Verduret, comme nous atteignions la place de la Concorde, se rengorgea dans sa probité impolluée.

LA GUIPURE

LA GUIPURE

I

En une des plus belles vitrines de la Galerie Saint-Hubert, à Bruxelles en Brabant, elle était étalée, semblant l'œuvre d'une araignée céleste ou d'une fée, chef-d'œuvre de la dentellerie brabançonne, attirant les regards de toutes les élégantes se rendant au théâtre. Venue il y a quinze jours pour entendre la première de *Tristan et Iseult* à la Monnaie, la jolie chanteuse Antonia Mirbel vint à passer aussi par là, au bras du riche marchand de tableaux

Van den Crouten qui s'était fait son sigisbée là-bas, pendant ce court voyage. Oh! mais en tout bien tout honneur! Antonia se laissait faire la cour, mais sans avoir rien accordé encore. En femme sensée, elle entendait que ce ne fût pas pour peu de chose et se méfiait de l'économie belge en matière d'amour. Vainement Van den Crouten lui avait offert déjà, pour la séduire, deux ou trois faux Courbet, un Bonington apocryphe, un Raphaël très contesté et un authentique Bouguereau. La dame était demeurée inflexible, et le marchand se mourait de langueur, tout en continuant à peser ses cent kilos. Pour peu que vous connaissiez Antonia Mirbel, vous comprendrez à merveille son impatience et son désappointement. C'est, en effet, une admirable créature dont le profil fait le désespoir des statuaires et le teint lilial celui des peintres. Son grand charme est dans l'expression toute moderne de ce visage aux noblesses antiques. Quand sa physionomie est au repos, on la pourrait prendre pour Minerve. Mais quand elle rit, c'est à Manon Lescaut qu'elle ressemble. Une invincible gaieté fait passer comme des rayons de soleil printanier sur ce beau marbre. Telles, à travers les feuilles naissantes, les clartés tremblantes et mouillées d'avril viennent, dans nos jardins, palpiter au front rêveur des statues.

Donc elle s'arrêta devant l'admirable guipure et eut, pour Van den Crouten, un regard tout à fait affectueux.

— Je crois qu'elle m'irait à merveille, dit-elle.

Mais le bon ladre, qui en soupçonnait le prix, trouva une phrase où les « savez-vous » ne manquaient non plus que la galanterie. Car elle signifiait qu'avec d'aussi beaux cheveux il serait vraiment dommage d'en cacher quelque chose, fût-ce par le plus merveilleux des ornements.

Antonia répondit à ce marivaudage par un autre regard infiniment moins affectueux que le premier. On se remit en chemin et, une heure après, elle avait complètement oublié sa fantaisie, sous ce fleuve ruisselant d'amour qu'est la musique de *Tristan et Iseult*, submergée dans des délices inouïes dont on sort brisé, quand retentit le dernier accord de ce chef-d'œuvre. Ah! l'occasion eût été belle pour un autre que Van den Crouten, ayant moins de poids et plus de jeunesse! Certainement même eût-il triomphé, — étant, à défaut de grives, un merle à peu près sortable, — si au dernier moment, à sa porte même, la rancune n'était revenue à Antonia de la petite ladrerie qu'il lui avait faite trois heures auparavant. Elle refusa net de le laisser franchir le seuil.

— A demain, cruelle! lui dit le pauvre marchand.

— A je ne sais quand, mon cher! lui répondit-elle. Car demain matin je pars pour le Pétembourg.

Et elle laissa retomber l'huis sur le nez de Van den Crouten qui, fort heureusement pour lui, le recula.

Antonia Mirbel n'avait d'ailleurs pas menti. Veuve — nul ne l'avait su — d'un Pétembourgeois naturalisé Français qu'elle avait épousé à dix-huit ans, qui était mort à trente, elle avait quelques affaires d'intérêt à régler dans ce pays où nul ne la connaissait.

II

Mais peut-être, vous, ne connaissez-vous pas ce petit duché que je n'ai rencontré, en effet, sur aucune carte, mais qui fait cependant partie de l'immense empire allemand. Le Pétembourg, capitale Wessemberg, disent les géographies de Berlin qui insinuent que c'est encore un morceau de la France arraché par la victoire. Cette patrie, peu célèbre d'ailleurs, l'est cependant par ses douaniers. Non pareils à nos tristes gabelous, ceux-ci y sont la coqueluche des dames. Ils y tiennent, en matière mondaine et amoureuse, le haut du pavé. Et la chose se comprend à merveille, ce pays-là ne possédant absolument rien par lui-même et sa seule industrie consistant à faire payer des droits aux étrangers sur tout ce qu'ils ont dans leur poche. Tous les autres peuples y sont traités comme le moins favorisé. Si le Pétembourg n'est pas plus fréquenté, c'est qu'on y entre ruiné. Les douaniers y sont donc le grand rouage du gouvernement. A eux les plus beaux uniformes. A eux les plus nobles fonctions. A eux surtout les cœurs les plus aimants. Ils y constituent la véritable noblesse, l'aristocratie, le high-life et le gratin. On ne reçoit dans leur cercle que de parfaits gentilshommes et des gens ayant plus de quatre quartiers, ce qui fait joliment enrager l'arithmétique. Leur directeur général est une façon de mamamouchi.

Il y a trois jours encore ce potentat était le sémillant Foirenfeld, un petit gros qui a juste assez de cheveux pour compromettre un potage et assez de dents pour avoir, de temps en temps, une fluxion. En voilà un qui, avec un physique grotesque, a néanmoins fait des victimes ? Comme on en exprimait devant lui un étonnement presque impertinent, il répondit qu'il avait un talisman pour séduire les dames. Lequel ? Vous le saurez tout à l'heure.

Comme vous le pensez bien, Antonia Mirbel voyageait avec un nombre infini de colis, un véritable monde de malles et de cartons. Il y en avait de toutes les tailles, de gigantesques et de minimes, de quoi déménager le Panthéon par morceaux et en un seul voyage. Ce jour-là, je tâcherai de voler la Légende de sainte Geneviève pour laquelle je donnerais tout le reste, y compris les cendres de Voltaire. Ayant horreur des formalités douanières et sachant ce qui l'attendait à son entrée dans le petit duché de Pétembourg, la chanteuse s'était munie de lettres de recommandation puissantes pour le sémillant Foirenfeld. Celui-ci l'attendit à la gare, lui fit rendre les honneurs militaires, accepta à forfait une somme considérable sans rien ouvrir et lui demanda, pour unique récompense, l'autorisation de lui venir présenter ses hommages pendant son séjour à Wessemberg.

— Je n'y vois aucun danger, lui avait répondu Antonia Mirbel avec quelque insolence.

Ah ! l'imprudente créature ! Ce ne fut pas une visite que lui fit le sémillant Foirenfeld, mais une invasion qu'il lança sur elle. Il devint l'Attila de cette pauvre femme dont il assiégea la porte suivant toutes les règles de la stratégie la plus raffinée. Il en fit le blocus avec une patience que le grand *Cunctator* romain et le prudent Annibal lui-même, le plus réfléchi des conquérants, eussent admirée. Il établit des ouvrages avancés dans les deux escaliers, tenta des assauts à toutes les heures, fit des reconnaissances dans les moindres couloirs, déchaîna enfin, contre la place, l'artillerie des plus invraisemblables cadeaux. Antonia vit arriver chez elle et éclater en manière d'obus des merveilles de tous les mondes. Où diable ce sémillant Foirenfeld achetait-il tout cela? Parbleu!. il ne l'achetait pas, l'animal! Il avait recommandé à ses douaniers un redoublement de surveillance et ceux-ci détroussaient positivement les voyageurs de tout ce qu'ils possédaient de précieux et dont il avait eu la malice d'interdire l'entrée par un rescrit *ad hoc*.

Mais il était si vilain avec son unique cheveu qu'il coupait en deux pour le lisser à la Capoul et sa dernière dent qu'il avait fait scier pour avoir l'air d'en avoir deux! Antonia tenait bon...

O fragilité de la femme! La boîte de Pandore contient toujours le secret d'une chute. Ce jour-là elle s'ouvrit sur une guipure exactement pareille à celle de Bruxelles; — « une pièce unique! » lui avait dit le sémillant Foirenfeld... Et, comme elle émettait un doute, il jura sur le salut de l'empereur Guillaume II, ce qui est sans réplique à Wessemberg. Et Van den Crouten qui, par une lettre embrasée, lui annonçait son arrivée à Wessemberg pour le lendemain! Quel bonheur de l'humilier en lui faisant bien voir qu'un autre avait été plus généreux que lui ! C'est ce dernier plaisir qui l'emporta dans sa pensée. Elle n'eut pas le courage de refuser et donna, en paiement, mieux qu'une espérance... une formelle promesse.

III

Le lendemain elle était devant sa glace, la fameuse guipure mettant un délicieux nuage blanc dans la nuit de ses beaux cheveux. Elle essayait des effets de mantille, avec une coquetterie d'enfant, et se faisait, à elle-même, de petites mines charmantes. Tout le reste de son aimable personne s'accordait à cette mimique en contorsions voluptueuses dont la psyché renvoyait fidèlement tous les caprices. C'est étonnant ce qu'une femme a besoin de tortiller son postérieur pour bien juger de l'effet d'une coiffure ! On sonna et un homme entra comme un ouragan, se jeta à ses pieds, prit ses mains et les couvrit de baisers ; puis, la contemplant avec extase, toujours coiffée de la guipure :

— Ah ! chère Antonia ! Merci de l'avoir mise pour me recevoir ! Que je suis heureux qu'elle vous plaise encore !

Antonia considéra avec quelque étonnement Van den Crouten, — car c'était lui, — et se contenta de lui sourire ironiquement.

— Pardon ! pardon encore, continua-t-il, d'avoir tant hésité à vous l'offrir !

Pour le coup, elle n'y tint plus.

— C'est trop de toupet ! lui dit-elle indignée.

Et elle lui envoya une bonne gifle, cependant qu'un autre homme, se ruant comme une bombe dans la pièce, tombait à ses genoux, en lui disant à son tour :

— Ah ! chère Antonia, merci de l'avoir mise pour me recevoir ! Que je suis heureux que vous ayez daigné l'accepter !...

Il n'eut pas le temps d'en dire davantage. Van den Crouten lui tombait dessus, multipliant, en coups de poing, la gifle qu'il venait d'encaisser, comme un homme qui change un louis en gros sous, criant :

— Imposteur ! Menteur ! Intrigant ! Rien du tout!

Comme naguère les Sabines, Antonia dut se jeter entre les combattants.

Ah ! l'explication ne fut pas à l'honneur du sémillant Foirenfeld, qui fut convaincu d'avoir tout simplement confisqué au passage, pour l'offrir à Antonia, la guipure que Van den Crouten avait fini par acheter à Bruxelles, les yeux de la tête pour la lui envoyer à Wessemberg. Antonia, qui n'aime pas le vacarme chez elle, les a mis tous les deux à la porte et est revenue hier à Paris, emportant l'objet en litige. Vous le verrez dans ses beaux cheveux, à la sortie de la première représentation de la pièce en vers du bon poète Rodenbach, que donnera dans quelques jours la Comédie-Française et qui est une merveille, dit-on.

EN ROUTE

EN ROUTE

I

Quelle franc-maçonnerie que celle du mariage !
Nous étions cinq dans le compartiment, deux ménages et moi. Je me faisais tout petit pour ne pas gêner les deux ménages. Arrivé le premier, j'avais cédé mon coin. J'en fus payé en mauvais regards. Ceux des maris voulaient clairement dire : Que fait cet intrus dans le sanctuaire ? Ceux des femmes signifiaient : Ah ! si cet animal n'était pas là, comme nous nous mettrions à notre aise !

— Eh ! mon Dieu, mesdames, ne vous gênez pas pour moi !

Les nez des maris, se profilant sur les vitres, coupent d'un double promontoire le paysage. Je n'aime pas la nature vue au travers des nez des maris. La nuit est doucement venue et la lune apparaît à la portière, me faisant l'effet d'un grand fromage que tenait, dans son bec, un de ces messieurs transformé en corbeau. Je n'éprouvais, d'ailleurs, aucune des tentations du renard de la fable. De ce fromage-là, je n'aurais pas mangé pour un empire. Elle est ailleurs, la lune que j'aurais voulu te chiper, ô légitime possesseur de la dame grassouillette qui a fourré ses mignonnes bottines entre tes larges pieds. Je la rêve délicieusement blanche, celle-là. L'autre a l'air de la face d'un employé très gras qui vient demander les billets.

Mes quatre compagnons se sont assoupis ! Seul, je veille, légèrement écœuré par le dodelinement rythmique de leurs têtes le long des dossiers à oreillettes du wagon. Galilée en eût profité pour découvrir les lois du pendule. Moi, j'en aurais eu volontiers le mal de mer. Un petit bruit sec rompt soudain le bruit monotone de leurs respirations égales. J'étais sûr de mon innocence. Néanmoins, c'était sur moi, sur moi seul, que dardent des regards furieux mes compagnons dont les yeux se sont rapidement ouverts. C'est tout simple. Seul, je n'appartiens pas à la vie régulière. Mon rôle est celui de l'âne dans les *Animaux malades de la peste*. Je suis, en ma qualité de célibataire,

    Le pelé, le galeux d'où leur vient tout le mal.

Indigné de tant d'hypocrisie, je ferme à mon tour

les yeux. Un songe très doux me traverse le cerveau. Je voyais la lune à laquelle j'avais rêvé tout à l'heure. Seulement, elle était légèrement fendillée comme le bois qui a craqué à la chaleur. Je crois, avec les sages de l'antiquité, que nos songes nous trompent rarement. Eh quoi ! c'était vous, madame ? Alors, pourquoi avoir eu l'air de penser, en entrant, que vous seriez obligée de vous gêner pour moi ? Que serait-ce donc si vous ne vous gêniez pas ?

II

Ah ! nous voici, en pleine nuit, à une station importante du trajet. Vingt minutes d'arrêt ! En supputant le temps que messieurs les employés mettent à vous l'annoncer et celui qu'ils vous chipent en vous faisant remonter en voiture avant l'heure du nouveau départ, cela en fait bien dix. Le loisir de prendre une consommation de noctambule au buffet où tous les garçons dorment. Quand je remonte dans mon compartiment, je constate avec plaisir que mes deux couples se sont installés ailleurs, pour me fuir sans doute. Mais je n'en suis pas humilié, au contraire. Je n'ai plus maintenant qu'un camarade de route et qui ne paraît pas gênant ; je ne l'ai pas vu monter, mais il s'est blotti dans son coin, fortement accoté dans l'angle du wagon, la casquette rabattue sur les yeux, avec toutes les façons d'un homme qui s'est promis de dormir jusqu'à son arrivée à destination. C'est certainement dans cette intention qu'il a ramené déjà, sur le quinquet destiné à nous éclairer, l'écran de serge qui en voile, à l'occasion, les clartés cependant modestes.

— Monsieur, lui demandai-je avant qu'il eût pu commencer son somme, la fumée ne vous gêne pas ?

Aucune réponse. Je pris son silence pour un assentiment et j'allumai une cigarette.

— Monsieur, votre billet !

Je montrai docilement le mien à l'employé qui y découpa un petit losange, jeu de bébé que l'administration permet à ses subordonnés pour adoucir les misères d'un emploi mal rétribué. A ma grande satisfaction, il ne demanda pas le sien à mon compagnon. Je pensai que c'était un abonné de la ligne bien connu de tout le personnel.

— Monsieur, la fenêtre ouverte un peu par le haut ne vous est pas désagréable ?

Même mutisme de la part du dormeur. Décidément, ce n'était ni un avocat ni un homme politique. J'avais toutes les chances cette nuit-là. Je résolus d'être dorénavant aussi discret que lui et je me mis à rêver encore à la lune de la dame grassouillette. Elle ne se fendillait plus comme du bois vert au feu. Mais elle me regardait avec un petit œil sournois dont le regard avait toutes les grâces d'un sourire.

— Cahors ! Trois minutes d'arrêt !

Je remarquai, en m'éveillant, que le drôle n'avait pas changé de posture. Je descendis un instant pour me débrouiller les jambes et je composai, tout en sifflotant, ce vers mémorable contenant à la fois le nom du département et du chef-lieu, suivant une méthode mnémotechnique de géographie dont je suis l'immortel inventeur :

Cu LOTH *il faut poser pour mettre son* CAHORS !

Quand je remontai, mon animal n'avait pas bougé davantage.

III

Je voulus reprendre mon somme, et surtout mon rêve. Inutile désir. Une inquiétude, vague d'abord, bientôt plus précise, me rendait rebelle à tout assoupissement. Un chapelet d'idées bizarres s'égrenait dans mon cerveau. Ce silence obstiné, cette immobilité persistante de mon unique voisin commençait à m'agacer, à me préoccuper. Je regardai ma montre et y constatai qu'il y avait six heures pleines qu'il n'avait fait le moindre mouvement. Etait-ce d'aventure un faux voyageur comme ce général en zinc qui, dans une superbe voiture et un uniforme toujours neuf, fit entrer pendant deux ans, à Paris, un hectolitre d'alcool par jour, respectueusement salué au passage par messieurs les gabelous ? ou bien un homme hypnotisé obéissant à une suggestion lointaine ?

— Monsieur, fis-je très haut à bout de patience et de curiosité, voulez-vous un cigare ?

L'inconnu ne broncha pas.

— Veux-tu un cigare, animal ! belître ! hurlai-je, pris d'une indicible terreur.

Pas le moindre tressaillement.

Ma tête se perdit positivement. Instinctivement, comme un fou, je me précipitai vers ce sourd prodigieux et je le secouai par la manche. Tiré de mon côté, il oscilla tout d'une pièce, comme un soliveau qu'on ébranle, puis retomba lourdement. Sa casquette chut en avant. Je portai la main à son front qui était froid et humide. Je m'élançai vers l'écran du quinquet et emplis le wagon d'une lumière jaune. Et je contemplai avidement ce voyageur étrange. Il n'y avait plus de doute possible. C'est avec un mort que je roulais dans un tête-à-tête monstrueux.

Ma première pensée fut d'appeler au secours. Mais le train filait à pleine vitesse. Et puis, appeler ? Si ce misérable était monté en bonne santé et s'était éteint sournoisement, ne soupçonnerait-on pas un empoisonnement ? Ne serais-je pas le premier soupçonné ?... Un récent attentat perpétré avec le chloroforme... La cour d'assises... Une erreur judiciaire... Un faux témoignage des deux couples ennemis qui m'en voulaient ostensiblement... La guillotine... J'eus un instant l'idée folle de me jeter sur la voie... Une vraie mort à la Gribouille. Ah ! tant pis ! Il fallait qu'un de nous deux vidât la place ! comme disaient nos spadassins d'aïeux. Le train redoublait de vitesse et l'obscurité du dehors était complète. J'ouvris fiévreusement la portière, et avec l'énergie du désespoir je saisis galamment le cadavre intempestif et le précipitai dans l'espace.

IV

Nous étions à Montauban... à une demi-heure de Toulouse, but éternel de mes voyages. Un employé se présenta à la fenêtre, accompagné d'un monsieur de mine médiocre, mais tout de noir vêtu. Tous les deux pâlirent en me voyant seul dans le compartiment.

— Monsieur, me demanda l'employé d'une voix tremblante, est-ce qu'il n'y avait pas un voyageur avec vous ?

— Si, monsieur, répondis-je avec fermeté. Mais il est descendu à Rabastens.

L'employé laissa rouler sa lanterne à terre et le monsieur de mauvaise mine, mais de noir vêtu, faillit tomber à la renverse.

— Oui, messieurs, continuai-je, enhardi instinctivement par leur détresse ; il est descendu à Rabastens en sifflant gaiement une gavotte. Quel homme gai et quel causeur délicieux !

Le train repartait. Une demi-heure après, j'étais à Toulouse au tout petit jour et je sautais dans un de ces larges fiacres qui sont de vrais cabinets particuliers roulants, enchanté d'en avoir fini avec cet incompréhensible cauchemar.

Le lendemain seulement j'en eus le secret au café Albrighi où se révèlent tous les secrets.

— Tu ne sais pas ce qui arrive à la famille Calestroupat ? me demanda mon ami Tournesol en égouttant méthodiquement la carafe frappée dans son absinthe.

— Non ! lui répondis-je avec sincérité.

— Eh bien ! ils venaient d'hériter d'un oncle à Paris, et, par piété familiale, ils avaient décidé de faire revenir à Toulouse le corps de ce parent généreux. Seulement, comme ils savaient le prix exorbitant que demande l'administration des pompes funèbres pour ces ballades posthumes, ils s'étaient entendus avec un employé qu'ils avaient corrompu et qui s'était chargé de faire voyager leur bienfaiteur trépassé comme vivant.

— Ah ! fis-je vivement piqué.

— Fatale idée ! Imprudence notoire ! cet animal n'était pas authentiquement mort, — en léthargie seulement, suivant toutes les probabilités. Le mouvement du train l'a ranimé ; le rythme de la marche a réveillé celui de son cœur et celui de ses poumons. Bref, il se portait si bien vers la fin du voyage qu'il est descendu à Rabastens en fumant un londrès et en disant des calembours. La joie d'être ressuscité le rendait fou. On le deviendrait à moins. On a immédiatement télégraphié à Rabastens. Mais il y fait sans doute la noce dans quelque coin. Il était très noceur de son premier vivant. Impossible de le retrouver. Les Calestroupat sont à feu. Tu vois d'ici le désastre.

— Comment ! ils sont fâchés maintenant que leur oncle ne soit plus mort ?

— Mais, mon ami, si on ne le retrouve pas, ils ne pourront jamais hériter.

Et le bon Tournesol, en dégustant maintenant sa

petite consommation, partageait sensiblement le désespoir de ses amis.

Heureusement que, deux jours après, je lisais dans mon vieil ami le *Messager de Toulouse* cet entrefilet rassurant : « Un voyageur qui fumait un gros cigare et qui faisait un calembour s'est laissé choir en voulant descendre du wagon *avant l'arrêt complet du train*, malgré la sage défense de l'administration que les piétons nous envient, et a été retrouvé en marmelade. Puisse cet exemple corriger les imprudents ! »

Ah ! que les violettes sont belles et les femmes jolies à Toulouse, cette année !

COMPTABILITÉ OCCULTE

COMPTABILITÉ OCCULTE

I

Le mot est consacré dans le langage financier, surtout depuis les savants travaux de mon ami Victor de Swarte. Maintenant l'emploierai-je bien dans le même sens que lui, en ce récit infiniment moins sérieux que son livre? J'en doute, mon érudition étant notoirement inférieure à la sienne, comme les Russes eux-mêmes s'en sont fort bien aperçus, en notre commun voyage. Car ils semblaient prendre infiniment plus de plaisir à causer avec lui qu'avec moi des choses de la politique et du gouvernement auxquelles je ne m'entends pas plus qu'un diplomate.

Quelques développements vous expliqueront ce que mon titre veut dire.

Les hommes qui prétendent payer l'amour sont de simples impertinents. L'amour, même purement physique, porte en soi une minute d'infini qui ne saurait être assimilée à une consommation vulgaire. Dans une société où le petit verre de fine champagne authentique vaut au moins deux francs, toute la fortune de M. de Rothschild, à laquelle les anarchistes se gardent bien de toucher, ne suffirait pas à solder l'extase d'un baiser. Il faut pourtant une proportion dans les choses. Les personnes de bonne éducation n'en persistent pas moins à faire de petits cadeaux monnayés, proportionnés à leurs propres ressources, à celles que le bon Philoxène Boyer, ami de Baudelaire, appelait si justement des « conciliantes ». Mais, pour peu qu'ils aient quelque délicatesse dans l'esprit, ils se gardent bien de considérer ces menus présents comme un salaire. Tout au plus, et bien plutôt, les regardent-ils comme les frais d'un culte qu'ils souhaitent, avec raison, ne pas voir disparaître. Ce n'est pas, si vous le voulez, le denier de saint Pierre. Non ! C'est celui de sainte Madeleine. C'est un sacrifice dévot qu'ils font à la plus vieille et à la plus aimable des religions. Il n'en est pas moins vrai que, même ennoblie par cette image, cette offrande coûte encore plus aux gens un peu raffinés de sentiment qu'aux avares de tempérament. J'en connais qui ne consentent pas à s'y résoudre. Tel mon ami Sapège, de Toulouse, qui arrivé, le lendemain matin d'une nuit de délices, jusqu'au seuil d'une brave fille, sans avoir eu le courage de l'humilier d'un simple louis, lui répondit, quand celle-ci lui demanda ce qu'il lui donnait : « Mademoiselle, de vingt à vingt-deux ans, au plus ! » C'est un excès. La vérité est que beaucoup ne savent comment s'y prendre pour épurer leur petit cadeau de toute idée blessante et pour lui donner la grâce d'une politesse désintéressée. Et puis, voyez donc, si l'on en venait à se tromper et à insulter, aussi peu gratuitement, une personne n'appartenant pas au bas clergé de Cupidon !...

C'est cet embarras, commun à tous les gens bien élevés et ayant gardé le respect des femmes quelles qu'elles soient, que me confiait mon ami le baron des Etoupettes, rencontré, par hasard, sur les boulevards qu'il arpentait les mains derrière le dos, et en homme qui n'en a pas précisément l'habitude. Très cinquantenaire, et même mieux, le baron était d'une tenue toujours élégante, et aimait encore les femmes. Il ne s'est pas gêné pour mener aux premières sa dernière maîtresse, au nez de tout son monde qui est néanmoins collet monté, maudit de ses ascendants qui l'auraient voulu marié et menant une vie meilleure, envoyé au diable par ses neveux qui pestent de lui voir entamer son capital et vivre grassement de leurs espérances. Il est si difficile de contenter tout le monde ! Mon ami le baron des Etoupettes s'est résigné à ne rechercher que sa propre estime et y a réussi. Je crois même qu'il était tout simplement en train de savourer cette approbation de lui-même en même temps que la fumée d'un bon cigare quand nous nous sommes rencontrés.

II

— Bonjour, baron.
— Toutes mes amitiés, cher.
— Que diable faites-vous tout seul?
— Je médite, cher, et si vous voulez que nous nous asseyions côte à côte, derrière un apéritif, moyen excellent pour manger moins au dîner, je ne vous cacherai pas l'objet de mes méditations.

Devant dîner, moi-même, chez un ami où le dîner est maigre, j'acceptai son invitation et c'est sur un ton de gravité très douce qu'il continua:

— On ne connaît jamais les femmes. Trente ans que j'ai vécu presque exclusivement dans leur commerce...
— Un vilain mot, baron!
— Il est de circonstance cependant. Trente ans, dis-je, n'ont pas suffi à m'habituer à l'étrange versatilité de leur caractère. Ce sont décidément des enfants, presque des folles, qui ne savent ce qu'elles veulent...
— Mais si! de l'argent.
— Pas toujours! Ce sont les plus chères. Des moulins qui tournent à tous les vents...

— Ça, je n'en sais rien, n'ayant jamais osé devant elles...

— Fi ! je vous parle sérieusement et pour vous instruire. Il s'agit d'un fait personnel. Vous connaissez celle qui se fait appeler la marquise de Sainte-Mirabelle ?

— A merveille. Une superbe créature dont je ne saurais d'ailleurs parler qu'avec admiration puisque vous êtes, si je ne me trompe, son amant en titre.

— Justement, et vous allez voir si le diable y démêlerait quelque chose. J'entre résolument avec vous dans la voie des confidences sérieuses, n'est-ce pas ?

— C'est un honneur que vous me faites, baron.

— Je reprends donc cette histoire, déjà vieille de huit mois, à son début. Quand je la rencontrai chez la vicomtesse de Sainte-Angelure, je compris tout de suite que j'étais dans une fraction de monde plus élevée que le demi, sans être le monde tout à fait. Maison mixte, accueillante et agréable en somme, comme on en trouve beaucoup à Paris. Beaucoup de femmes divorcées dont les maris doivent être bien contents. La marquise me plut tout de suite et je m'aperçus que je lui étais sympathique au premier abord. Je lui demandai la permission de la reconduire chez elle.

— Et vous y revîntes le lendemain matin, avec des fleurs ?

— Non ! je n'y revins pas le lendemain matin, j'en sortis... et même assez tard, après avoir éprouvé un des plus grands embarras de ma vie. Car enfin à qui avais-je affaire ?

— A une personne qui ne faisait pas traîner les choses en longueur.

— Je vous dis qu'il y avait eu le coup de foudre entre nous. Cela n'impliquait pas qu'elle eût l'habitude des coups de foudre.

— Fi, à votre tour, baron !

— Vous êtes insupportable. Je n'avais aucune envie de rire, croyez-le bien. Insulter une honnête femme par un présent incongru ou mécontenter une courtisane par un cadeau insuffisant, c'est toujours très délicat. Ma foi ! je pris quinze louis dans ma poche, ou mieux trois billets de cent francs que je glissai dans un petit sabot...

— Ah ! oui, le sabot de la marquise ?

— Vous le connaissez ?

— Je l'ai vu jouer.

— Ah ! pardon ! je n'y étais pas ! Tant mieux et je reprends... dans un petit sabot en porcelaine posé sur la cheminée, mais cela furtivement, de façon à ne pas être vu. Nos adieux furent comparables à ceux de Roméo et Juliette. J'avoue que je me trouvais mal à l'aise en y revenant le jour suivant. L'accueil cordial, presque passionné, que je reçus me rassura. Mais peut-être ne s'était-elle pas aperçue de mon inconvenante libéralité. Je profitai d'un moment qu'elle sortit pour sonder le sabot... Plus rien ! O bonheur ! Elle avait accepté. Ce serait certainement une économie. Aussi, le lendemain renouvelai-je mon souvenir sous les mêmes espèces. Et de même les jours suivants...

— Comment, tous les jours comme ça !

— Mon cher ! cette diablesse de fille m'avait

donné vingt ans. Oui, les soirs se suivaient toujours, pareils, et les matins aussi, avec mes trois cents francs mystérieux dans le sabot.

— Nouveaux compliments, baron!

— Au bout de dix jours, nous eûmes la petite conversation d'usage, entre gens se connaissant assez maintenant pour parler franchement des choses les plus délicates. Je lui proposai, puisque nos relations devaient continuer, une pension mensuelle de deux mille francs par exemple. Comme elle ne répondait pas, je poussai jusqu'à trois mille. Alors elle se mit à pleurer. — Pouvais-je la traiter ainsi! lui donner un traitement comme à une cuisinière ou à un cocher! Elle n'aurait jamais attendu une pareille injure d'un homme comme moi! Nous étions très heureux ainsi, sans avoir jamais à parler de cette chose dégoûtante qu'est l'argent.

Il y avait quelque chose de si tragique dans sa douleur, de si vraiment révolté, que j'eus un doute terrible. Si c'était sa bonne qui, tous les matins, soulageait le sabot? Je le lui montrai, avec une interrogation dans les yeux. Je vis à sa rougeur que mon soupçon était mal fondé. Elle me mit son joli doigt fuselé sur la bouche, en me disant : : « Mon amour, plus un mot de ces bagatelles! Continuez, mais n'en parlons plus. »

— Pas bête, la marquise.

— Non, mais rudement capricieuse! Il y a huit mois, vous dis-je, que cela durait. Depuis un mois seulement, j'avais dû enrayer un peu sur le conseil de mon médecin, ne plus être heureux que tous les deux jours, puis tous les trois, puis une fois par semaine. C'était dans notre intérêt à tous les deux qu'on me conservât à notre amour. Eh bien ! ce matin, à propos de rien, elle m'a dit : « Mon bon petit ami, j'ai réfléchi. J'accepte la pension de trois mille francs par mois. » Hein ! les femmes sont-elles assez capricieuses, cocasses, changeantes et irrésolues, et quelle énigme que l'amour ! Voilà, cher, sur quoi je méditais tout à l'heure.

DANS CENT ANS

DANS CENT ANS

I

Au contraire de Musset, ma chère âme, nous sommes venus trop tôt dans un monde trop jeune, et nous ne saurions nous complaire aux vestiges de l'ancienne barbarie demeurés encore dans notre inutile civilisation. C'est ainsi que bien souvent, tout en croquant une aile de perdreau, je vous ai entendue vous attendrir sur le sort de la pauvre bête arrachée à sa couvée par le plomb stupide du chasseur. Vous avez une âme si tendre ! Il vous fallait absolument manger l'autre aile pour vous consoler de ce malheur, et encore n'était-ce pas sans l'arroser d'un peu de sauce pour achever d'en prendre votre parti. Vous n'êtes pas d'ailleurs la première dont la sensibilité ait empoisonné les instincts gastronomiques. Madame Deshoulières, qui adorait les côtelettes, n'en pouvait manger sans pleurer à chaudes larmes au souvenir de sa touchante idylle. Bossuet lui-même, qui n'avait rien d'une sensitive, s'indigna, en un fort beau langage, de la tuerie qui nous alimente et montra l'homme obligé de maquiller les cadavres dont il fait sa familière proie. Moi-même, j'ai souvent déploré que mes semblables ne se contentassent pas de massacrer les animaux, mais éprouvassent encore le besoin de les rendre ridicules par des sobriquets ironiques et culinaires. N'est-ce pas assez pour le veau d'avoir le cou tranché sans être publiquement ensuite traité de « fricandeau » dans le monde ? « Fricandeau ! » un nom de comédie. L'homme a beau essayer de réparer ses torts en lui donnant à l'occasion un nom de victoire. Il l'a qualifié de « Marengo ». Mais c'est égal, « fricandeau » est resté sur le cœur du veau. La vérité est que tout cela est odieux et que, depuis longtemps, les efforts de la science eussent dû tendre à supprimer ces assassinats pour ramener l'homme à une alimentation innocente. Ce sera un premier pas sur les chemins rouverts du paradis où notre aïeul vivait en bonne intelligence avec tous les autres êtres animés. Peut-être eût-il mieux fait cependant de croquer un poulet qu'une pomme, pour le bonheur de sa postérité.

Au reste, ces sages idées d'un retour à l'alimentation originelle exempte de funérailles comptent aujourd'hui d'illustres adeptes. On cite parmi les végétariens en renom Maurice Bouchor qui est un fort bon poète et Francisque Sarcey que j'aime beaucoup quand il ne m'éreinte pas... et même quand il m'éreinte. Mais, mon cher Bouchor et mon cher Sarcey, êtes-vous bien sûrs que les végétaux ne soient pas susceptibles de souffrance et que les plantes soient incapables de douleur? Je vous pourrais renvoyer à un admirable poème de Victor de Laprade; Charles Frémine a fait aussi une pièce de vers superbe sur ce sujet et que Silvain dit avec une incomparable éloquence lyrique. J'ai vu, de mes yeux vu, ma chère âme (ce n'est plus à Sarcey que je parle), des roses verser des larmes quand je les coupais dans mon jardin pour vous les offrir. Vous m'allez dire que c'était la rosée matinale. Eh bien ! qui vous dit que la rosée n'est pas faite des pleurs que versent toutes ces choses quand la solitude nocturne les emplit de mélancolie ?

Nous aurons... Non! les fils que nous n'avons pas, hélas! auront, ma chère, d'ailleurs, bien mieux que cela. Le végétarisme n'est lui-même qu'un reste de sauvagerie. L'avenir garde mieux à notre absente postérité. Je viens de lire les nouveaux travaux (nous autres centaures de l'Ecole Polytechnique, nous ne nous refusons rien de M. Berthelot, et c'est à l'an 2000 environ qu'il assigne l'âge d'or pour refleurir dans notre monde régénéré. Non seulement on ne mangera plus de bêtes, mais on ne mangera plus de plantes. Bouchers, charcutiers et maraîchers iront rejoindre les troglodytes dans les légendes du passé. Plus rien que des pharmaciens. Non pas, au moins, que tout le monde soit malade, — c'est bien le contraire, — mais parce que la chimie seule pourvoira à nos besoins. On changera leur nom comme on l'a déjà fait en cessant de les a peler apothicaires depuis qu'ils n'ont plus de seringues qu'à la Comédie-Française. C'est d'eux que l'homme recevra chaque jour les 120 grammes de matière azotée, les 80 grammes de graisse et les 600 grammes d'hydrate de carbone qui se cachent aujourd'hui fastueusement sous les pseudonymes de chauds-froids, de civets, de matelotes, que sais-je? Le règne pilulaire sera venu. Les gourmands de l'avenir devront se rabattre sur la forme des pilules et leur grosseur. On en fera d'énormes pour les goinfres. Les ivrognes auront le droit d'additionner d'eau les gouttes qui remplaceront le vin. Ce sera délicieux, ma chère! Que de temps on aura pour causer à table, entre les déglutitions successives de ces plats infinitésimaux! Mais nous ne verrons pas encore cela, et il faut nous résigner à manger, accommodés à la rouennaise, des canards qui ne nous ont jamais rien fait, des foies de volailles ossianesques, voire ces jolis papillons à plumes qu'on appelle ortolans. C'est affreux!

Pour vous faire une avance d'hoirie sur la félicité de nos petits-neveux, je vous veux conter un rêve qui la réalisait et qui m'est visiblement venu le soir même de la lecture des prophéties de M. Berthelot.

II

Nous étions... Non! nous sommes en 2000. Un de nos parents descendant très éloigné dans l'avenir, M. Pémouché, marie notre future petite-cousine Henriette, un ange de candeur et de beauté. Car les femmes sont belles encore en l'an 2000. O prodige consolant! Nos filles de Montmartre ne sont-elles pas les sœurs des filles d'Athènes? Elle vous ressemble, cette Henriette que je vois d'ici. Elle a votre belle chevelure noire, votre teint mat, votre fierté moqueuse, et son fiancé Onésime Bitarel, de notre souche aussi, en est aussi épris que je le suis de vous-même. Un bon parti, ce Bitarel, car son père est pharmacien de première classe, ancien lauréat de l'Ecole de pharmacie, et, comme je vous l'ai dit, les pharmaciens de ce temps-là, c'est à la fois Potin et Duval. On ne se nourrit plus que de leurs délicieux produits. Ce Bitarel père, en particulier, a une renommée pour les quenelles de phénate d'ammoniaque et pour les suprêmes de carbures à la gelée! Les gourmets ne se fournissent que chez lui. Ce n'est pas Potin et Duval. C'est Potel et Chabot! Et ses risottes de manganèse! Mon ami Paul Arène lui-même s'en lécherait les doigts. Et ses pets de nonne laïques à l'hydrogène effervescent! Et ses nougats au sulfure de zinc!

Nous sommes, s'il vous plaît, au dîner de fiançailles. En une toilette très claire, mauve et suffisamment ouverte, Henriette est plus jolie que jamais. Onésime Bitarel, son futur, en vélocipédiste alpin, est triomphant. Les deux pères, M. Pémouché et M. Bitarel, se regardent comme de joyeux augures. Quelques amis des deux familles : le commandant de gendarmerie Levesseur; le notaire Midouillet, plusieurs fois concordataire (car, en 2000, la dignité de failli est tellement haute et recherchée qu'on n'y arrive que difficilement); le comédien marquis des Hosipettes (car, en 2000, les gens de théâtre ont pris une importance telle dans le monde qu'ils constituent une noblesse nouvelle et absolument inabordable aux petites gens); l'académicien Bistouille, qui ressemble à un pied d'estragon, mais dont les lèvres n'en ont pas le parfum, — tous avec leurs épouses respectives, s'il vous plaît, — j'entends dire les dernières. Car en 2000, le divorce a si bien porté ses fruits que tout homme qui ne s'est pas marié et démarié au moins neuf fois est à fort peu près considéré comme un incorrigible libertin. Toutes ces dames décolletées. Vous voyez d'ici le joli tableau, autour de la table familiale. Et sur la table donc! Pas un de ces comestibles encombrants qui surchargent les nôtres encore, à nous, infime génération de Calchas! Mais des fleurs! Partout des fleurs! Car, dans la nature, les fleurs ont remplacé tout. Plus de moissons ondulant au soleil; plus de potagers verdoyants; plus de vergers. Partout des roses; partout des jacinthes; partout des anémones. Le monde civilisé n'est plus qu'un immense jardin. Qu'en dites-vous, ma belle amie, vous qui aimez tant respirer les lilas... après votre dîner?

On commente le menu qui est superbe. Le père Bitarel s'est surpassé. Car vous pensez bien qu'on a fait tout monter de son laboratoire. C'est d'abord un excellent potage servi au pèse-goutte pour les délicats, avec une seringue à oreille pour les goulus. Puis de délicieux hors-d'œuvre présentés sous les espèces de granules dosimétriques variées aussi nombreuses que les zakouskis sur les tables des Russes opulents. Pilules à la Chambord comme entrée. On vient de les achever en se pourléchant les doigts et voici venir déjà, réjouissant l'odorat des gourmets et les mânes de Brillat-Savarin, le plat de résistance, un magnifique cachet module Limousin dont la vue est saluée par d'unanimes applaudissements. Les vins les plus généreux ont déjà coulé à flots, en injections sous-cutanées. Plusieurs des convives sont déjà un peu gris.

Tout à coup, le premier élève et en même temps le chef de cuisine de M. Bitarel père, le jeune Oscar Viseuler, monte tout pâle et murmure des mots qui apparaissent incohérents à tout le monde, à l'oreille de son patron.

— Sacrebleu! animal! s'écrie celui-ci en bondissant sur son fauteuil.

Tout le monde se lève, épouvanté, et la notairesse Midouillet, très nerveuse de tempérament, tombe inanimée au bras de son époux.

— Un malheur? murmure le père Pémouché en se sentant soi-même défaillir.

M. Bitarel père éprouve le besoin de rassurer les masses effrayées :

— Une simple erreur! dit-il. Cet imbécile d'Oscar s'est trompé de boîte et, au lieu des pilules à la Chambord, a fait monter ici un médicament de même forme qui avait été commandé pour une malade.

— Un purgatif! Ah! mon Dieu! s'écrie la commandante Levesseur. J'ai déjà la colique.

— Non, madame, pas un purgatif! répond avec dignité Bitarel père, je vous en donne ma parole d'honneur!

— Alors, quoi? demande le comédien des Hosipettes.

— Vous le verrez tout à l'heure, marquis. M'est avis que la marquise ne s'en plaindra pas.

C'étaient, en effet, des pilules réconfortantes pour un vieux libertin que cet imbécile d'Oscar venait de faire avaler, sous prétexte d'entrée, aux convives de M. Pémouché. Il ne me convient plus de demeurer dans une maison qu'une erreur de cette nature va transformer en un foyer d'immoralité. L'effet en fut positivement désastreux pour la bonne tenue de la fin du repas. Le dessert, composé cependant de globules homéopathiques exquis, de véritables primeurs, fut négligé, et ce ne fut plus qu'un bruit de baisers, se trompant souvent d'adresse, dans la salle à manger, où les fleurs elles-mêmes, alanguies déjà, semblaient aussi se tendre les lèvres les unes aux autres, roses mêlant leurs bouches vermeilles et lilas se becquetant comme des oiseaux. Onésime Bitarel prit de telles avances sur sa nuit de noces avec Henriette qu'il refusa ensuite positivement de se marier davantage. Sept des convives sortirent cocus et introduisirent le lendemain sept actions en divorce... Tiens! vous dormez, ma chère âme?... Réveillez-vous. Mon rêve est fini.

LE COUCOU

LE COUCOU

I

A Paul Kréder.

En une de ses villégiatures estivales, à Pontorson, je crois, célèbre par ses roses, M. Ménichon avait acheté ce coucou, une très authentique vieillerie, à la boîte naïvement sculptée de fruits et d'oiseaux mythologiques, d'un brun presque noir, avec des angles déchiquetés par endroits. Il était dans l'état le plus complet, muni d'un cadran Louis XIII finement guilloché, d'un balancier en cuivre très lourd faisant, à chaque oscillation, passer un éclair dans la lucarne qui permettait de le mettre en mouvement avec des tic tac dont la régularité enchantait particulièrement M. Ménichon. Il l'avait payé, rubis sur l'ongle, sept francs à un pauvre diable qui n'avait plus que ça et il éprouvait, en le regardant, la fierté naturelle à tout amateur bourgeois qui a volé un malheureux. Songez donc! On lui en avait offert à lui Ménichon, qui n'en avait pas besoin, cinq cents francs de sa trouvaille, cinq cents francs avec lesquels le gueux aurait vécu un an. C'est décidément une belle chose que l'humanité!

M. Ménichon avait transporté le coucou dans sa jolie villa de Rueil qu'il habitait toute l'année; il l'avait installé dans la chambre conjugale, au meilleur coin, le soignait comme un enfant, avait toujours l'oreille au guet qu'il ne s'arrêtât, ayant pris une telle habitude de sa musique que, lorsque la nuit le coucou cessait de marcher, il était immédiatement réveillé par un silence qui l'emplissait d'une instinctive angoisse. Et, hop! il vous sautait du lit et allait se pendre aux poids en pommes de pin qui remettaient en mouvement le précieux balancier. Cette horloge était devenue sa vie dont elle cadençait d'ailleurs la régularité monotone avec un sentiment du symbolisme parfait.

Cet homme était donc veuf? Non. Vous vous demandez alors ce que faisait pendant ce temps-là madame Ménichon? Tout simplement ce que font beaucoup de femmes mariées à des imbéciles plus vieux qu'elles. Elle s'embêtait et songeait vaguement à le tromper. Elle aussi avait d'ailleurs pris, par désœuvrement, sa petite idole, le perroquet Jonas qui lui tenait compagnie pendant que notre Ménichon jouait la manille en son café ordinaire. Jonas était un oiseau capricieux, mais de bon goût, qui adorait sa maîtresse et ne pouvait sentir son maître. On devait l'enlever du salon dès que celui-ci y rentrait, parce qu'il ne manquait jamais de l'accueillir par quelque aménité du genre de celle-ci : « Crétin! Cochon! Cornard! » que personne ne se rappelait lui avoir apprises, mais qui lui étaient néanmoins familières. Quand on achète un perroquet, on devrait toujours s'assurer qu'il n'a jamais été que dans des maisons bien famées. J'en ai connu un, chez un préfet de province, qui ne laissait jamais sortir une visite de cérémonie sans la saluer d'un : « Mon petit ami, fais-moi mon petit cadeau! » ou : « N'oubliez pas la petite bonne. » Je dois reconnaître que ces deux phrases ne faisaient pas partie du répertoire de Jonas. Mais il n'en était pas moins mal embecqué, si j'ose m'exprimer ainsi. Il excellait d'ailleurs à reproduire, mieux encore que la parole, tous les bruits qu'il entendait et ce n'était pas un animal à garder avec soi, les jours de purgation. Il avait suffi que pendant une absence de M. Ménichon, qui avait des intérêts à Castelnaudary, madame Ménichon fît rester l'oiseau dans la chambre conjugale, pour que celui-ci eût attrapé le tic tac du coucou à faire absolument illusion. Tic! tac! tic! tac! faisait-il avec sa langue noire, et c'était à s'y méprendre.

Il n'y avait que le clerc de notaire Poildobus qui l'imitât aussi bien. Ce jeune homme jouait souvent à la manille, au café, avec M. Ménichon, non pas que ce jeu l'amusât, mais dans l'intention perverse d'entrer dans l'intimité de son partenaire et de se faire inviter dans la maison. Il était, en effet, tout à fait épris des charmes dodus de madame Ménichon dont le cadran naturel ne datait pas de Louis XIII, était moins bruyant que celui de l'horloge et sans aiguilles dorées, mais néanmoins tout à fait digne d'un amateur, une pièce rare, large et polie. Vous me direz que la robe de madame Ménichon n'étant pas, comme la maison du sage, de verre, le jeune Poildobus ne connaissait ce précieux objet que par intuition. Mais celle-ci avait suffi à son génie naissant. Elle avait aussi des reliefs, comme la boîte du coucou, madame Ménichon, et tout à fait intéressants pour un godelureau, de ceux qu'attirent les bric-à-brac charmants de l'amour. C'était un garçon ayant d'ailleurs des dons de société, disant agréablement le monologue, imitant le bruit du casse-noisette avec ses bajoues et de la scie avec son nez qu'il avait long et prodigieusement sonore. Ménichon tomba dans le piège tendu à son honneur et laissa pénétrer le loup dans la bergerie dont madame Ménichon était l'unique brebis. Il lui montra le coucou et, pour cela, l'amena dans la chambre conjugale. Un instant après, Poildobus imitait à son tour, par un claquement imperceptible de la langue, le tic tac de l'instrument mieux que Jonas en personne et à ce point que la boîte du coucou elle-même, laquelle était cependant en bois bien vermoulu, s'y serait trompée. Ce trait d'esprit, servi par de rares dispositions plastiques, enchanta positivement Ménichon qui prit l'infâme Poildobus en une véhémente amitié. Madame Ménichon partagea ce sentiment en y ajoutant une petite pointe de sensualisme inassouvi. Bientôt son cadran naturel n'eut plus de secrets pour l'heureux Poildobus. Et Jonas qui avait l'instinct des situations, comme beaucoup de perroquets, ne pouvait plus voir venir, de si loin que ce fût, son maître sans crier de plus belle : Cornard! cornard! cornard! Mais on l'emportait vite à la cuisine et on le cachait sous un torchon pour réprimer son éloquence. C'est un procédé peu coûteux qu'on devrait bien employer quelquefois au Parlement où le président aura une sonnette d'une main et un torchon de l'autre. Il les pourrait tenir malicieusement derrière son dos et avoir écrit au-dessus de sa tête :

Devine si tu peux, et choisis si tu l'oses.

Ce serait tout à fait décoratif.

II

M. Ménichon était à Castelnaudary, pour ses sempiternelles affaires, depuis huit jours, et rien n'annonçait son retour prochain. Madame Ménichon et Poildobus abusaient lâchement de son absence. Le cadran naturel de madame Ménichon ne chômait plus un instant. Pour réunir tout ce qu'elle aimait au monde, elle avait installé Jonas dans sa chambre où cet impudent Poildobus venait cyniquement coucher, aussitôt que les domestiques avaient regagné les combles où les maîtres ne manquent jamais de les loger, en été, par une délicate attention. Et ce que le temps passait vite entre la grosse dame et son gigolo ! Jonas, lui, qui était la pudeur même, mettait sa tête sous son aile renflée comme une voile de navire. Il eût été exagéré de dire que c'était le plus heureux des trois. Ce n'était pas non plus M. Ménichon qui se guimbardait en chemin de fer pendant ce temps-là, cependant que son lit moelleux servait de théâtre aux délices interdites, mais sérieuses, de l'adultère.

— Ah ! mon Dieu ! fit, cette nuit-là, et tout à coup, madame Ménichon, coupant net en deux un baiser que Poildobus était en train de lui prendre.

Elle avait entendu distinctement crier la porte du jardin, dont Ménichon seul avait la seconde clef. Il rentrait sans s'être annoncé, l'indiscret? C'était sûr ! A Poildobus interdit, elle murmura dans l'oreille :

— Cache-toi ! cache-toi, bien vite !
— Où ça ?
— Je ne sais pas !... Dans le coucou.

Comme il était svelte à l'instar d'un lévrier, Poildobus se glissa dans l'horloge, par la lucarne. Il est des heures mystérieuses par nature. Les deux aiguilles atteignaient minuit, juste, quand M. Ménichon fit son entrée dans la chambre où sa femme faisait semblant de dormir, afin que, par discrétion et de peur de l'éveiller, il n'allumât pas de lumière. Poildobus eut alors une angoisse terrible. Il avait, en entrant dans l'instrument comme un voleur, arrêté le mouvement du balancier et le premier soin de Ménichon serait de s'en apercevoir au silence absolu de la pièce et de venir remonter le coucou. Mais Poildobus savait utiliser à l'occasion ses talents de société. Avec sa langue, il se mit à remplacer le tic tac absent, comme il avait si bien appris à le faire. Tic tac ! tic tac ! tic tac ! « Comme il marche bien ! » pensa Ménichon en se couchant, toujours dans l'obscurité. Et cette pensée suffit à le rendre heureux... « Sept francs ! — je l'ai payé sept francs !... » murmurait-il dans son premier sommeil.

Mais Poildobus savait qu'au moment précis où il cesserait son tic tac, Ménichon se réveillerait. Il dut donc continuer, bien que la langue commençât à lui faire mal de ce continuel mouvement. Tic tac ! tic tac ! Et madame Ménichon qui ne dormait pas, entendait, anxieuse, les tic tac de Poildobus se ralentir et devenir pâteux. Elle eut pitié de lui, et comme le petit jour pénétrait déjà entre les rideaux, les nuits étant courtes dans cette saison, elle réveilla elle-même son mari : « Cher amour, lui dit-elle, voici le matin et il faut vous lever bien vite. Votre ami Pigevent a prié qu'on vous envoyât aussitôt votre retour pour une chose qui ne comporte aucun retard. » C'était un mensonge éhonté, mais il fallait bien éloigner Ménichon à tout prix. Le tic tac de Poildobus agonisait. Ménichon fit partir une allumette, et regardant, sans quitter son lit, au cadran du coucou dont les aiguilles n'avaient pas bougé depuis l'introduction du galant : « Vous êtes folle, ma mie, dit-il. Il est minuit ! » Et il se retourna pour reprendre son somme ! Ah ! le malheureux Poildobus n'en pouvait plus ! Sa langue, positivement pelée, refusait tout service. Il faisait des tic tac! haletants, sans sonorités, déplorables, comme ceux d'un coucou poitrinaire.

Il recommandait son âme à Dieu, continuant de son mieux pour sauver sa complice, mais sentant bien qu'il allait rendre le dernier soupir dans un de ces tic tac-là. Les affres de l'agonie lui montaient au front déjà, en amères rosées, et ses jambes flageolaient comme celles d'un canard saoulé de vendange fraîche. Et le jour achevait de se lever et cette canaille de Ménichon n'en dormait que de plus belle. Avec délices, il contrepointait, de ses ronflements, la musique désespérée de Poildobus.

Tout à coup Jonas, réveillé, lui, par le jour, tira sa tête de dessous son aile, secoua son plumage et, pour saluer l'aurore d'un effort de mémoire, commença à faire aussi : « tic ! tac ! tic ! tac !... » — « Ah ! mon Dieu, pensa madame Ménichon, deux coucous à la fois vont le faire bondir du lit ! » Mais Poildobus, secouru à temps, s'était tu. Après avoir remercié la Providence qui lui donnait un remplaçant dans ce moment critique, il reprit le chemin de la lucarne, ouvrit la porte sans bruit et disparut, cependant que Ménichon dormait toujours et que le perroquet continuait : « tic ! tac ! »

Madame Ménichon, qui avait tout vu et qui était pieuse, remercia Dieu aussi de ce salut inespéré. Puis, regardant par hasard le cadran dans la chambre devenue claire, elle poussa rudement son mari par l'épaule en lui criant: « Eh ! paresseux ! lève-toi donc ! Il est midi ! » Et elle lui montrait les aiguilles toujours immobiles sur le nombre XII écrit en chiffres romains.

Ménichon, convaincu et honteux, sauta sur sa culotte et disparut à son tour, craignant que son ami Pigevent ne l'attendît plus.

Alors la grosse dame se leva et alla tranquillement remonter le salutaire coucou. Puis elle fit emporter Jonas et se remit au lit pour y penser à Poildobus, cependant que Ménichon allait se casser le nez chez Pigevent. C'est ainsi que tout réussit aux honnêtes gens.

L'ÉTANG

L'ÉTANG

I

Au coin le plus ombreux du parc, derrière un rideau de grands arbres dont les racines s'échevelaient jusque dans les terres mouillées de la berge, frondaison puissante dont le reflet dans l'eau s'éclaircissait surtout à l'image des cimes, celle des troncs étant enveloppée d'une buée frissonnante, œil immense d'un bleu pâle dont les joncs semblaient les cils, ou bien quelquefois nappe d'un vert sombre que striaient de longues égratignures d'argent, avec, au bord, des nénuphars dont les yeux d'or semblaient, immobiles au fond des calices, des étoiles captives dans la neige, l'étang était le but ordinaire des promenades amoureuses dont les hôtes de madame des Rizières faisait les loisirs de leur économique villégiature à Soisy-sous-Etiolles, il y a vingt ans. Excellente femme, d'une morale essentiellement transigeante, ayant été fort belle, en ayant profité et qui ne forçait pas les autres à expier ses péchés, bien qu'elle fût devenue un tantinet dévote. La maison était donc ouverte tout l'été, pleine d'amis et aussi de parasites. Les fiancés et les jeunes ménages y étaient particulièrement les bienvenus, parce que le spectacle de la jeunesse et de l'amour charmait encore cette hospitalière châtelaine. En revanche, les vieux pique-assiette qui ne manquaient pas à sa table faisaient très mauvaise figure à ces aimables enfants. Donc, deux camps bien distincts dans la maison : celui des amoureux et celui des goinfres. Au premier, cette année-là, appartenaient Marcel Lambert et Jeanne d'Isigny que devaient unir bientôt les nœuds de l'hyménée ; l'honneur du second était le docteur Gribius, un fier animal que je vous présente et dont la plus grande joie était de jeter quelque note naturaliste, discordante, incongrue, dans le délicieux concert qu'exhalaient, avec un arome de baisers déjà, les âmes innocentes de Marcel et de Jeanne. Tel le porc dans les bois où il erre en liberté, perfectionnant sa chair savoureuse au pied des châtaigniers, se complaît à troubler d'un grognement les mélopées lyriques du rossignol et les bavardages exquis de la fauvette. Comme tu ferais mieux de chercher des truffes, sale bête ! Ah ! ce Gribius ! comme il eût été digne d'être de ce temps-ci où ce qui fut l'esprit gaulois agonise sous un ruissellement d'ordures faciles, où le mot brutal remplace l'exquise périphrase, dont la prétendue franchise de langage ne trahit que l'impuissance de trouver des images nouvelles, ce qui demeure l'unique but de la poésie, de la gaie comme de l'autre ! Bassement adulateur de madame des Rizières qu'il soignait d'un tas de maladies qu'elle n'avait pas, secret des médecins qui se veulent rendre indispensables, il était tout autant pour elle un domestique qu'un conseiller. Bonne avec tout le monde, et bien que la société de cet imbécile l'assommât, elle se laissait faire, cependant qu'elle se consolait de sa fâcheuse compagnie en écoutant roucouler les cœurs de colombes des deux fiancés.

L'excellente personne n'avait qu'un défaut, autant dire, par le fait de sa rareté même, une qualité. Elle était fort gourmande, ce qui fournissait à l'infâme Gribius le moyen de lui plaire à peu de frais en s'occupant énormément d'une nourriture qui ne lui coûtait rien et dont il bénéficiait. Car il n'eût pas fait manger à sa cliente un mets savoureux sans s'en offrir, à lui-même, une portion considérable. Il était même arrivé à lui inspirer ses propres goûts, afin de se régaler soi-même, en ayant l'air d'aller au-devant des siens. Ne lui avait-il pas persuadé, par exemple, que les grenouilles sont un mets excellent et tout à fait utile à la conservation de la santé ? Pouah ! ces petits enfants écorchés qu'on voit enfilés en chapelet chez certains marchands de comestibles m'ont toujours fait horreur. J'y soupçonne des crapauds intrigants qui se sont glissés dans les étangs par amour-propre. Car si la grenouille a pour amour-propre d'être aussi grosse que le bœuf, le crapaud, lui, rêve d'être aussi savoureux que la grenouille. Quand vous entendez tinter sa langue métallique dans les solitudes sérénales des gazons mouillés de rosée, c'est qu'il se lamente d'être dédaigné des gourmets. Du poétique étang que j'ai décrit tout à l'heure, Gribius avait fait cyniquement, pour les besoins de la cuisine, un véritable conservatoire de grenouilles aussi bruyant que celui où nos jeunes demoiselles apprennent les arts divins de la déclamation et du chant. J'ajouterai que, cependant, il ne leur apprenait pas à vibrer en croassant. C'était toujours ça. Mais il les engraissait, les purgeait, les mettait à des régimes destinés à rendre leur chair plus délicate, hypocrite vétérinaire de ces animaux sans défense. Et c'était le vendredi surtout — car on faisait maigre au château, par genre s'entend, un tas de sournois mangeant en catimini des charcuteries personnelles — que les grenouilles apparaissaient sur la table en pyramides, faisant penser au judaïque charnier du Massacre des Innocents. Tous les pique-assiette s'en régalaient pour flatter le goût de l'amphitryonne. Marcel Lambert et Blanche d'Isigny, seuls, se refusaient à cette déplorable alimentation.

II

C'était un jeudi, je crois. Mais, bah ! la date ne fait rien à l'affaire. Un jour orageux cependant, avec un ciel un peu bas, amenant la nuit plus tôt que de coutume, si bien que, pour la première fois de la fin de l'été, on allait allumer la lampe pour le dîner. En attendant que la cloche les appelât, nos deux fiancés faisaient, au bord de l'étang, leur promenade accoutumée et semée de madrigaux, comme dans les jardins exquis des *Fêtes galantes* de Paul Verlaine. Insensiblement, sous la menace de l'orage, une sorte de nuit était venue, un long nuage découpant, à l'horizon, une façon d'ardoise très sombre, aux cassures incandescentes. Au-dessus, une mince bande d'azur, juste de quoi laisser percer la flèche tremblante d'une étoile, — puis un firmament gris, avec des souffles lourds qui venaient s'abattre dans les feuillages et mettaient à leur cime des frémissements. On eût dit un cheval céleste, un cheval noir dont la longue queue balayait les hautes frondaisons. En bas, les nénuphars avaient laissé se refermer presque leurs pesantes paupières, les roseaux criaient, et le martin-pêcheur, effrayé, cinglait l'air de son vol d'émeraude, rasant les têtes des grands joncs. Tout cela constituait un décor aussi mystérieux que mélancolique, idoine, par conséquent, aux rêveries amoureuses. Marcel et Jeanne, les bras enlacés, traînant légèrement les pieds dans le sable, en goûtaient la douceur en un redoublement de tendresse.

Tout a coup, de la surface de l'étang, monta comme un bouquet de vapeur qui s'évanouit aussitôt. Puis, plus loin encore, un instant après, une seconde aigrette de fumée, légèrement bleue, aussi rapidement dissipée que la première; une troisième gerbe, également dispersée en un instant. On eût dit les voiles d'invisibles et toutes petites barques qu'un naufrage engloutissait aussitôt.

— Des feux follets, ma chère âme! dit Marcel à Jeanne très préoccupée de ce spectacle.

Et elle répéta machinalement, sans avoir l'air de comprendre les mots :

— Des feux follets!

— Des âmes d'amants, sans doute, s'écria lyriquement le jeune homme, d'amants trépassés qui se viennent rencontrer encore, dans la nuit et sur l'eau solitaire, quand les baisers d'autres amants, vivants ceux-là, les appellent de la rive. Ces esprits fervents de l'ancienne flamme ont entendu les nôtres. Donne-moi ta bouche et tu les verras encore croiser leurs ailes, visibles à peine sur l'étang.

Et, en effet, un nouveau feu follet, puis un autre semblèrent accourir à un rendez-vous mystérieux.

— D'où montent ainsi ces âmes? demanda anxieusement Jeanne. Je croyais que celles des vrais amants étaient toutes dans le ciel.

— Le ciel, pour les vrais amants, est partout où ils sont ensemble. Ceux-là n'ont pas sans doute obtenu le séjour supérieur du paradis, mais ils s'en moquent bien, si la mort ne les a pas séparés et si la damnation commune les laisse l'un à l'autre. Est-ce que tu crois, ma Jeanne bien-aimée, que j'accepterais d'aller seul grossir les phalanges de séraphins pendant que le poids de tes mignons péchés que j'ignore t'entraînerait au fond des abîmes ? Tiens ! tiens ! regarde encore ! Ils se reconnaissent, ils se rejoignent, ils disparaissent en même temps !

— Tu crois alors qu'ils viennent de l'enfer et qu'ils y retournent, ces esprits mystérieux ?

— Je ne saurais l'affirmer. Mais c'est, tout au moins, des entrailles de la terre, seul séjour peut-être où il soit permis de s'aimer.

— J'ai cru faire cependant une remarque tout à l'heure, Marcel.

— Laquelle, mon amour ?

— Au moment où le plus beau de ces feux follets émergeait de l'étang, la petite étoile, la seule qu'on voyait dans la bande bleue de l'horizon, a disparu.

— Un nuage certainement qui l'aura obscurcie.

— Non ! j'avais pensé qu'elle était tombée dans l'étang, au milieu des nénuphars, et que ce que nous voyions, c'était la petite fumée que fait toujours une flamme en touchant l'eau.

— Donne-moi ta bouche encore, délicieuse petite folle !

— Tiens ! L'étoile est aussitôt revenue. Il fallait un baiser pour la raccrocher au ciel.

Et ils devisaient ainsi de mille folies, quand sonna la cloche du dîner. Ils s'acheminèrent lentement vers le château, en regrettant que leur promenade ne pût être éternelle.

Mais ils mangèrent peu et demeurèrent silencieux à table, presque recueillis, ce qui inquiéta, tout de suite, cette bonne madame des Rizières.

— Y aurait-il de la brouille entre vous, demanda-t-elle avec intérêt, mes enfants?

— Au contraire, madame, répondit résolument Marcel, ce qui arrêta, sur la gueule des vieux parasites, un méchant sourire de satisfaction.

Et, avec une franchise éloquente, Jeanne raconta l'émotion que leur avait causée, à tous les deux, le spectacle qu'ils avaient vu, celui de ces mystérieuses fumées qui semblaient vivantes à la surface des eaux et paraissaient monter du cœur même de la terre, sous la cuirasse mobile et argentée que lui faisait l'étang.

— Ah! ah! ah! fit en se tordant de rire le docteur Gribius qui faillit en avaler sa serviette.

Et quand il fut revenu de cet inconvenant accès d'hilarité :

— Savez-vous d'où venaient ces âmes qui vous ont tant charmés, monsieur et mademoiselle?

— Non! fit ingénument Jeanne.

— Eh bien! sauf votre respect, mesdames et messieurs, du derrière des grenouilles que je nourris de haricots, depuis huit jours, pour donner à leur chair un goût de cassoulet.

DODOLPHE-PHILÉMON

DODOLPHE-PHILÉMON

I

Et Nanette-Baucis. On ne les appelait pas autrement dans leur entourage. Leurs vrais noms étaient, pour lui, Adolphe Troupet, et pour elle, depuis les justes noces, Antoinette Troupet, née Auvent. Mais que sont les noms auprès des symboles? Hélène n'est plus Hélène, mais l'éternelle trahison de la femme; elle aurait pu aussi bien s'appeler Suzon. Ainsi Ménélas, le typique cocu qui eût pu prendre, dès son temps, le pseudonyme de Sganarelle. Adolphe Troupet et Antoinette née Auvent représentaient dans leur société la longue et fidèle tendresse de deux époux qui avaient vieilli côte à côte sans se lasser l'un de l'autre. Tout naturellement, chez les quelques lettrés de leur nombreuse fréquentation, ils évoquaient la fable touchante de Philémon et Baucis. De là leurs sobriquets familiers.

Ils avaient, l'un et l'autre, la soixantaine, Dodolphe quelques mois en plus cependant, comme à un mari qui veut être galant dans les moindres choses il convient. Les petits soins dont ils s'entouraient n'étaient pas seulement faits d'attentions amicales, mais bien encore d'amoureuses velléités. Les dames, un peu âgées déjà, de leur entourage les donnaient sans cesse pour exemple à leurs propres époux. Moi, j'avoue que cela m'eût un peu gâté le spectacle de leur tendresse, que j'eusse voulue essentiellement platonique, étant donné le nombre de leurs respectives années. Les caresses que se font les vieillards m'inspirent un instinctif dégoût. Laissons le baiser sur la bouche aux lèvres en fleur et ne traitons pas les gratte-culs comme les roses. Je ne conçois pas l'amour sans le cortège de la beauté. Ce sacrilège posthume n'a même pas le souci de la reproduction pour excuse. Mais les femmes, qui savent bien, elles, les pauvres ! qu'elles vieilliront un jour, sont rarement, sur ce point, de mon avis. Polydore Auvent, frère de madame Troupet, non plus. Il admirait absolument son beau-frère dans son rôle de vieux coq n'ayant pas consenti à prendre sa retraite. Epoux lui-même d'une personne également sur le retour, il s'avouait impuissant aux mêmes vaillances attardées. Ce n'était pas la bonne volonté qui lui manquait, mais l'estomac. Comme je l'aurais compris! Aussi, pour lui, Dodolphe était un héros, quelque chose comme Napoléon.

C'était une exagération et je m'aperçois, un peu tard, qu'on pourrait attribuer à ma morale une intention d'immoralité. En détournant les vieux maris du lit conjugal, pour toute autre chose au moins que pour y ronfler de concert ou pour y faire d'innocentes galipettes, une partie de main chaude (je ne dis même pas de doigt mouillé), par exemple, je ne les entends engager nullement à aller porter ailleurs les restes d'une ardeur qui s'éteint. Ridicules auprès de leurs vieilles femmes, ils seraient absolument odieux auprès de jeunes filles Qu'ils se tiennent donc tranquilles, ces sapajous en délire aux babouines grisonnantes! Paix à la cendre de Brown-Séquard, bien que ce coupeur de chiens vivants ait toujours révolté ma conscience d'antivivisectionniste! Mais, sapristi! l'idée qu'il avait eue de rendre des forces aux cacochymes pour les jeux exquis de l'amour est bien ce que je connais au monde de plus monstrueux. Voyez-vous l'agrément réservé aux victimes de ces Lazares imparfaitement ressuscités? Ah! les pau... les pau... les pauvres filles! Je trouve absolument dégoûtante cette imagination de se survivre au détriment de la jeunesse et de la beauté!

Et maintenant je reviens à mon ménage Troupet, bien justifié, je l'espère, de toute tentative de corruption de la vieillesse mariée.

Ceux qui causaient de son bonheur ne manquaient jamais d'y pressentir une ombre ou d'en prédire la fin fatale. Quel que fût celui des deux époux qui mourût, il était certain que l'autre le suivrait de près dans la tombe. Le même vol devait emporter ces deux colombes, qu'étaient leurs âmes, dans l'éternité. Les subtils annonçaient même comment les choses se passeraient certainement. Si Dodolphe-Philémon exhalait, le premier, son ultime soupir, Nanette-Baucis tomberait en telle langueur que jamais fleur ne se flétrit plus vite sur sa tige. En un mois ce serait fait. Pas plus de Nanette que sur la main, il ne resterait plus qu'à hériter pour se consoler. Mais si c'était Nanette-Baucis qui, la première, restituait au Créateur le souffle qu'il nous prête seulement (vieux ladre !), ce serait bien plus terrible encore : Dodolphe-Philémon ne manquerait pas de se massacrer sur son tombeau.

— Ce serait une boucherie ! s'écriait avec horreur le sensible Polydore Auvent, son beau-frère.

II

Hélas ! ce fut la plus effrayante des deux hypothèses qui se réalisa. En se découvrant un peu trop sur sa conjugale couche, pour jouer à la petite Vénus et prendre d'agaçantes poses, juste victime d'instincts voluptueux hors de saison et d'une bonne volonté dépassant le but, Nanette attrapa un froid qui rapidement l'entraîna au tombeau. Ce fut l'affaire d'une semaine. La pneumonie la cueillit sans crier ouf ! Pour être aussi subit, il parut que le coup n'en serait que plus insupportable au malheureux Dodolphe-Philémon. S'allait-il ouvrir la poitrine ou brûler la cervelle, aussitôt l'âme de sa vieille amie exhalée ? On ne le quitta pas des yeux. Mais non, Dodolphe-Philémon fut héroïque. Il daigna survivre quelques heures encore.

— Il veut épuiser le calice de la douleur jusqu'à la lie ! s'écria lyriquement son beau-frère Polydore Auvent. Ce sera pour le départ du corps.

Et quand les croque-morts, sentant la pipe et le litron, s'en vinrent quérir Nanette en sa suprême litière toute fleurie (ô pauvres fleurs des cercueils, je vous plains presque autant que les maîtresses des vieux hommes!), la surveillance se fit plus active encore autour du désespéré. Mais Dodolphe-Philémon continua de surmonter les effroyables besoins de suicide qu'on pressentait en lui. Il prit la tête du convoi d'un pas ferme.

— Il veut se jeter dans la tombe encore ouverte ! dit à tout le monde Polydore Auvent. Je lis ça dans ses yeux. O sublime Adolphe !

Mais, au cimetière, quand la bière eut descendu dans un grincement de corde sa triste locataire au fond du trou béant, au moment où tous les bras se tendaient pour empêcher Dodolphe de l'y suivre, celui-ci se retourna avec un gros gémissement, et s'en fut, à la porte de la nécropole, recevoir les poignées de main de tous les assistants.

— Quel courage ! murmurait à ses voisins Polydore Auvent. Non ! il ira jusqu'au bout ! Il ne se donnera le coup fatal que son devoir complètement accompli ! O magnanime Adolphe !

Et l'on reprit le chemin du domicile de la défunte, en égrenant sur la route le chapelet de condoléances banales et de lieux communs sur la vie et la mort.

Polydore Auvent prit nerveusement le bras de son beau-frère.

— Tu sais, Adolphe, lui dit-il, nous ne nous quitterons plus jamais !

Adolphe exhala un énorme soupir auquel un observateur aurait donné l'ennui de cette affectueuse nouvelle. Mais Polydore ne le prit pas ainsi.

— Bon courage, mon vieux ! Bon courage ! lui dit-il. Il faut vivre ! Il faut vivre pour nous ! Il faut vivre pour elle !

Adolphe le regarda avec une reconnaissance étonnée.

III

Des parents étaient venus des provinces voisines pour les funérailles. Il fallait bien les traiter convenablement et on avait dû préparer, à la maison, un de ces repas mortuaires qui finissent généralement par des cochonneries, parce que nous ne sommes pas faits pour les longues douleurs et que tous les esprits se détendent à la fois. Sans dire un mot, toujours abîmé dans sa douleur silencieuse que tout le monde respectait d'ailleurs tout en s'empiffrant, Adolphe mangea comme quatre et reprit trois fois du godiveau.

— C'est pour donner le change ! pensa Polydore Auvent. Le repas du Girondin !

On approchait du dessert et Polydore pensa encore :

— C'est là que je l'attends. Un couteau à fromage est si tôt planté dans le cœur !

Mais Adolphe se contenta de planter, par trois fois, le couteau dans le fromage, sans le retourner une seule fois contre soi-même.

— Quelle volonté tenace de se détruire, et comme il veut choisir son moment ! médita encore cet excellent Polydore. Mais c'est maintenant qu'il ne le faut plus perdre de vue un seul instant !

On venait de se lever de table. Polydore parcourut les rangs pour donner la consigne : ne pas laisser Adolphe s'échapper ; le suivre partout !

Et, rassuré pour un instant par ces ordres sévères, il s'en fut accomplir un hydraulique devoir qu'il portait sur lui depuis le matin. Imprudent Polydore ! on servit le café, et crac ! quand il revint, plus de Dodolphe. On l'avait laissé échapper.

— Malheureux ! s'écria-t-il ; il est perdu !

Un charretier fit claquer son fouet dans la rue. Les dames se bouchèrent les oreilles en s'évanouissant. Un coup de revolver certainement.

— Il vient de se faire sauter la cervelle ! s'écria Polydore. Cherchons son cadavre, du moins.

Et tout le monde, les dames évanouies exceptées, se rua dans la maison, grimpa les escaliers, enfonça les portes, bouscula les meubles, se comporta en ouragan. Polydore avait couru à la chambre de la morte. Rien ! Au cabinet de travail de Dodolphe.

Rien ! A la salle de bain. Rien ! Rien ! Rien ! Rien ! Nulle part, rien ! On troubla jusque dans sa retraite un pauvre invité qui avait aussi mangé trop de godiveau. Rien, toujours ! Et le temps passait, et la bousculade continuait, troublée de gémissements.

Il ne restait plus que les combles à explorer. Polydore s'y précipita. Il poussa une porte. C'était celle de la chambre de la bonne et la bonne était dedans. Mais pas seule. Cette canaille de Dodolphe lui tenait compagnie et vous avait une façon d'occuper le temps !

Le misérable Polydore en eut un éblouissement, presque un coup de sang.

— Malheureux ! s'écria-t-il, ici ! aujourd'hui ! dans ta maison !...

Il n'en put dire davantage. Dodolphe-Philémon, fondant en larmes, ne trouva que ces mots :

— C'est le chagrin !

COUP DE VENT

COUP DE VENT

I

Ils sont toujours demeurés un peu blagueurs, dans mon cher pays toulousain, et cependant, cette fois-ci, celui qui m'a conté cette aventure m'en a si bien répondu, au point de vue de l'authenticité, que j'ai fort envie de m'en porter personnellement garant. En tout cas, je l'ai écoutée, d'un bout à l'autre, avec le respect religieux lequel est, au pied du Capitole, la suprême politesse. Au fond, un Gascon ne tient nullement à être cru, mais il ne tolère pas qu'on ait l'air de ne pas le croire. Et c'est tout naturel. Dans un pays où l'imagination tient la place qu'elle mérite et dont nos lettrés contemporains font trop facilement fi, un conteur qui n'arrive pas à persuader est comme un avocat qui perd sa cause, un joueur que trahit sa gageure, un comédien qui a manqué son effet. Votre incrédulité le blesse, non pas en pleine conscience, mais en plein amour-propre. Et vous croyez que ce n'est pas une admirable terre que celle dont les enfants prennent la peine de se creuser gratuitement la cervelle pour amuser leurs contemporains! Et vous croyez que ceux-ci ne manqueraient pas à tous leurs devoirs en rendant inutile le travail de ces bonnes gens, pour le stupide plaisir de faire les esprits forts! Tenez, je pardonne encore plus volontiers à Judas qu'à saint Thomas. Il fut plus odieux, mais moins ridicule. Rouvrir les plaies de son ami et de son maître pour y mettre les doigts est d'un apôtre aussi dénué d'éducation que de politesse.

Ce petit prologue est tout simplement pour que vous ne criiez pas à l'invraisemblance du récit que je vous transmets en fidèle confident, car je ne vais jamais à Toulouse sans en rapporter ou des violettes ou des contes. Ça dépend de la saison. En hiver, les violettes embaument, au retour, mes bonnes amies. En été, — voire au printemps même, — car nos violettes toulousaines sont pour charmer l'hiver seulement, quand toutes les autres fleurs sont mortes, — c'est des histoires que je mets en bouquets pour mes lecteurs. Celle-ci est du nombre. Je conviens que son parfum ne rappelle que vaguement celui des violettes. Aussi n'est-elle pas, marquise, pour votre joli nez rose de chatte blanche, mais pour mettre en belle humeur les bons compagnons que n'a pas encore mis à mal la méchante bégueulerie à la mode. Ecoutez donc, mes braves gens, en humant, si quelque bon Toulousain vous en a envoyé une bouteille de sa récolte, un verre de notre précieux villaudric.

II

— Ivrogne ! Mange-tout ! Sac à vin ! vous mériteriez d'aller le cul nu !

Ainsi parlait, accompagnant ces menus propos de quelques jurons languedociens dont je vous fais grâce, l'excellente madame Capoulade, à son mari, bourrelier, comme chacun le sait à Blagnac, de son état. Etait-ce donc que Capoulade eût bu plus que de coutume, pour fêter la veille du saint jour de Pentecôte, — vous voyez que mon histoire est ce qu'on appelle, en langue de journaliste, une primeur, — avec son ami Trinqueballe, ordinaire compagnon de ses modestes orgies ? Pas le moins du monde. Capoulade n'avait, en apparence, mérité en rien ces véhémentes apostrophes. Mais le vent d'autan venait de se lever et soufflait avec rage sur la Garonne qu'il ridait d'argent clair, et, vous savez, quand le vent d'autan souffle là-bas, c'est partout l'énervement immédiat et la dispute sans raison.

Les joueurs, tranquilles un instant auparavant, des cafés, se jettent à la tête cartes et dominos, en s'accusant de tricher. On est obligé de retirer les billes de dessus les billards, pour empêcher des malheurs. Les meilleurs amis se prennent à la gorge sous les plus futiles prétextes ; jugez ce qui se passe dans les ménages médiocrement unis comme celui du pauvre Capoulade ! Semblable à une furie, madame Capoulade lui reprochait tous ses débordements des vingt dernières années et c'était toujours le même refrain :

— Vous mériteriez d'aller le cul nu !

Embêté à la fin, bien que patient de nature, le bourrelier, comme pour narguer sa femme, passa sa plus belle culotte, une culotte toute neuve en toile bleue, d'un bleu intense, large et flottante comme c'est la mode chez les ouvriers qui s'endimanchent. Et bravement, en sifflotant d'un air narquois, il s'en fut sur les bords de la rivière, sentit une bonne odeur de cassoulet qui montait d'une auberge sise en contre-bas, presque sur la berge et, résolu à ne pas rentrer chez lui tant que soufflerait le vent d'autan, se fit servir une portion considérable de cet excellent et farineux et succulent plat dont Castelnaudary détient le suprême et définitif secret.

— Ah ! si mon vieux Trinqueballe était là ! pensait-il.

Mais vainement, en chemin, il avait frappé à la porte de Trinqueballe pour le débaucher. Madame Trinqueballe, seule, lui avait ouvert l'huis, et lui avait dit d'un air moqueur :

— Désolé, mon cher monsieur Capoulade, mais votre Trinqueballe n'est pas là.

Et madame Trinqueballe, quoique Gasconne, ne mentait pas. Une scène toute pareille à celle qui avait chassé Capoulade de chez lui avait mis Trinqueballe à la porte de sa propre maison. Encore un méfait du vent d'autan. Les deux époux faisaient un cent de piquet, quand, tout à coup, madame se jeta sur le jeu de monsieur et le fit voler par la fenêtre demeurée imprudemment entr'ouverte. Trinqueballe avait timidement protesté contre cette fantaisie d'autant plus stupide qu'il avait une quinte majeure. Alors sa femme lui avait envoyé une claque. Jugeant cette réparation insuffisante, il avait réclamé de nouveau, ce qui lui avait valu un deuxième soufflet. Sans attendre un supplément d'excuses de cette nature, il s'était levé furieux enfin et avait demandé son chapeau pour aller prendre l'air. Madame Trinqueballe lui avait répondu par un pied de nez. Alors, hors de lui, il avait cherché partout pour ne pas sortir nu-tête, étant déjà fort enrhumé du cerveau. Mais la méchante femme lui avait caché son feutre, et le narguant, lui criait :

— Allez donc ! Allez donc ! Vous n'en avez pas besoin. Il vous en tombera un du ciel !

Craignant de faire un malheur s'il cédait à sa légitime colère, Trinqueballe finit par se sauver, en cheveux, et enfila la première rue venue, histoire de ne plus avoir sous les yeux son odieuse maison.

Et voilà pourquoi Capoulade ne l'avait pas trouvé à domicile. Avouez que c'était une vraie cruauté à la Providence de ne pas les jeter bien vite sur le même chemin et dans les bras l'un de l'autre !

III

Le soir était venu. Le couchant mettait de belles nappes de pourpre sur la Garonne, griffonnées d'hiéroglyphes par la fantaisie des feuillages à travers lesquels on apercevait le fleuve, de la rive, feuillages que secouait une véritable tempête. Car l'autan soufflait toujours. Ce n'était donc pas le recueillement si doux des heures silencieuses, si belles là-bas, durant les beaux soirs d'été, quand monte, dans le parfum toujours renouvelé des roses grimpantes et des clématites, la chanson de quelque trouvère égaré dans nos temps cruels. Non, c'était un sifflement d'ouragan, large, despotique, emplissant les oreilles et vidant le cerveau. Capoulade avait fini par sortir de l'auberge, très repu d'un cassoulet abondant, et se demandait comment il rentrerait chez lui. En cette mélancolique méditation, il suivait sur le sable le bord de la rivière qui semblait maintenant, sous le ciel où couraient de petits nuages de cuivre et des pétales de roses, une jonchée de fleurs. La lune ouvrait sa lucarne d'or au toit bleu du ciel et les premières étoiles aiguisaient la pointe de leurs flèches au dur lapis-lazuli dont est fait le firmament nocturne toulousain. Et la pauvre tête de Capoulade était si vide, que, loin d'y mettre une velléité de poème ou de chanson, ce spectacle suggestif, le cassoulet aidant, ne lui inspirait qu'une déplorable colique. Il chercha un endroit pour abriter sa lugubre fantaisie ; mais il était descendu trop bas sur la berge et ne pouvait plus attendre. Tout ce qu'il put obtenir d'abri et de compagnie fut une haute touffe d'herbe poussée là en plein sable. Capoulade, une fois assis comme le peut être un homme qui n'a pas de chaise, son pantalon neuf rabattu sur les talons, était toujours en butte au vent furieux qui lui soufflait par derrière et auquel il s'apprêtait à riposter, en bon gentilhomme, quand une méchante couleuvre sortit de la touffe d'herbe luisante à la clarté humide des étoiles, et se dirigea vers son pied droit. Très peureux des reptiles, Capoulade leva aussitôt le pied droit, se tenant en équilibre sur le gauche. A ce moment l'autan souffla plus fort et fit sortir, profitant de ce mouvement, la jambe droite du pantalon neuf de Capoulade qui eut ainsi le mollet droit mis à nu. Mais voilà notre sacrée couleuvre qui, maintenant, s'attaque au pied gauche du rêveur. Vivement Capoulade rabat le droit à terre et soulève le pied menacé. Par le second espace ouvert ainsi devant lui, l'autan dépouille le pauvre homme de la seconde jambe de son pantalon, lequel, cette fois-ci, complètement libre, retourné et gonflé à l'envers, comme un voile, s'envole, dans la direction de la ville, très haut d'abord, comme un aigle qui aurait la fantaisie de planer, puis beaucoup plus bas, au ras des premières maisons, à hauteur d'homme, s'engouffrant dans les rues mal éclairées.

Voyez un peu comme le hasard a de singuliers

caprices! Trinqueballe, toujours tête nue, et qui, lui aussi, ayant été se consoler au cabaret, ne rentrait chez lui qu'avec une grande hésitation, déboucha juste au moment où le pantalon de Capoulade, toujours balayé par l'autan, ouvrait tout droit devant lui, le fond toujours ballonné, ses longues ailes de toile. Fou de surprise, Trinqueballe ouvrit ses deux bras qui se trouvèrent immédiatement emprisonnés dans les jambes de la culotte, cependant que le fond se collait à son visage et se rabattait derrière sa nuque, l'encapuchonnant tout à fait. Sa première pensée étant que des malfaiteurs le bâillonnaient et cherchaient à l'étouffer, Trinqueballe cria : « Au secours ! » comme il put, dans cet endroit renfermé et sonore seulement à l'occasion.

C'est dans cet état qu'il rentra chez lui, providentiellement coiffé par le destin, cependant que Capoulade repassait l'huis conjugal, les deux fesses au clair de lune.

C'est ainsi que les vœux des deux méchantes épouses avaient été exaucés.

Voilà ce qu'on raconte à Toulouse.

LA VALISE

LA VALISE

I

Pardonne-moi, mon cher Marcel, si, pour reconnaître ta récente hospitalité, je te vole le titre de ta jolie comédie, dont le succès fut si vif. Le vol est, chez moi, une forme de la reconnaissance et j'emporte presque toujours un souvenir des maisons où j'ai été bien reçu, ne fût-ce qu'une pièce d'argenterie précieuse ou une boîte de cigares merveilleux. Ne te plains donc pas, compère ! tu t'en tires à bon compte. D'autant que je t'offre, en toute propriété, pour en faire usage, dans tout le territoire du Languedoc, le petit conte que voici et qui est le plus nouveau du monde.

Car c'est hier, pas plus tard, que l'excellent marquis de Pétensac que tu connais comme moi, peut-être même davantage, attendait son futur gendre, Osiris de Ménichon, avec qui nous avons, ce me semble, joué à la manille, l'été dernier, chez Albrighi. Cet Osiris est un serin que j'ai triché tout le temps, mais c'est une excellente nature. Quant au marquis, une copieuse baderne. Reste un être tout à fait délicieux, mademoiselle Isabelle de Pétensac dont je te cache soigneusement le portrait pour t'éviter toute inutile tentation — car elle est vertueuse — et toute infidèle pensée, puisque, pour rien au monde, je ne te laisserais tromper la mère de mon filleul. Sache seulement que les roses et les lys se sont donné rendez-vous sur son visage, que toute sa personne tient le record des perfections, qu'elle est spirituelle le jour et grassouillette la nuit, ce qui est le fait d'une demoiselle connaissant le prix du temps, pas bégueule avec cela, malgré le milieu austère où elle a toujours vécu. Et amoureuse d'Osiris? Non, mon cher. Pas du tout. Mais ayant envie de se marier pour savoir, ensuite, ce qu'elle aura à faire. Puissions-nous être chargés, toi ou moi, de le lui enseigner! Oh! la jolie gorge, mon vieux, et d'une dualité harmonieuse. Egaux et lumineux sont ses seins... égales et lumineuses aussi ses f...ormes postérieures, si nous commençons par le haut l'énumération de ses beautés. Les matinales rosées ont pleuré des gouttes de lait dans la rose entr'ouverte de sa bouche. Deux petits arcs-en-ciel ont irisé la transparence veloutée de ses prunelles. Heureux Osiris! Non! pas encore. Entre la croupe d'une telle demoiselle et les lèvres d'un légitime époux, il y a encore de la place pour plus d'un accident.

Osiris avait quitté mercredi Castelnaudary, sa patrie, muni de malles pleines de présents, ne gardant, à la main, qu'une petite valise où étaient ses objets de toilette et de quoi changer de linge. Oh! mon Dieu! une valise ressemblant à beaucoup d'autres et qu'il est certain de n'avoir quittée, un instant, que pour acheter la *Dépêche*, sans laquelle un honnête homme ne voyage pas dans le Midi. On appelait aux voyageurs! Pas une minute à perdre. Osiris reprit vivement l'objet qu'il se rappelle maintenant fort bien avoir déposé sur un banc, et se rua dans son compartiment. Il installa la valise dans le filet vis-à-vis de lui, précaution excellente. Car on doit toujours éviter, en chemin de fer, de mettre rien au-dessus de sa propre tête. La moitié des victimes des accidents sont tuées par la chute des malles suspendues au-dessus d'elles. Il convient donc de détourner sur ses voisins la menace de son colis individuel. C'est ce que fit Osiris. Après quoi il ouvrit son journal et commença une histoire d'anarchistes qui lui fit passer des frissons dans le dos. Car il est capon comme la lune et n'a aucun goût personnel pour être foudroyé. Puis il s'assoupit sur ses impressions terribles, oh! un moment seulement, mais le temps d'avoir un rêve abominablement inquiétant. Il eut l'appréhension que, dans le brouhaha du départ, et cependant qu'il attendait la monnaie de son numéro de la *Dépêche*, un autre voyageur avait changé de valise avec lui... Quelle billevesée ! Rapidement, et après s'être frotté les yeux, il se leva, alla à son colis et voulut y mettre la clef. Va te faire fiche ! Il n'avait pas tant rêvé que ça. La clef n'allait pas à la serrure. On lui avait bel et bien changé son colis. Après tout, le grand malheur ! L'autre voyageur s'était déjà aperçu, sans doute aussi, de son côté, de la méprise. A la première station, Osiris fit sa déclaration. Un employé passa de portière en portière. Rien ! Le monsieur était certainement parti sans s'être aperçu de son erreur. C'était tout de même joliment ennuyeux. Quand le train se remit en route, il voulut se rendormir pour oublier ce contre-temps. Il eut tort. Son cauchemar recommença, mais plus précis. Maintenant il voyait fort bien l'homme qui avait feint, il n'en doutait déjà plus, de se tromper. Un monsieur de mauvaise figure, chapeau noir, toute sa barbe, les yeux sournois, un anarchiste certainement comme ceux dont son journal venait de lui donner le signalement. Il y avait de la poudre verte dans cette valise, un explosif à renversement peut-être, ou bien à mèche... Qui sait ? Un homme qui déguerpit comme ça, à la première station, sans demander son reste, ne cherche pas une table d'hôte, mais un alibi. Chaque cahot de la voiture pouvait faire éclater l'engin. Mais que faire ? S'avouer détenteur d'un pareil colis ! Impossible. Faire comme l'autre. Fiche le camp au premier arrêt. Et, crac ! le train marchait encore qu'il se précipitait. Mais un voyageur complaisant, comme on en trouve toujours en pareil cas, lui cria à tue-tête :

— Monsieur ! monsieur ! vous oubliez votre paquet !

Et il lui tendait la valise par la portière ! S'il allait la lâcher? Un gendarme le regardait. Pour ne pas avoir l'air louche dans ses démarches, il reprit religieusement la valise des mains de l'inconnu et remonta tranquillement... en apparence du moins. Mais, pendant qu'il se faufilait, il eut l'impression que le regard obstiné du gendarme lui mettait une brûlure au fond de sa culotte. Maintenant il irait jusqu'au bout. C'était le seul moyen de déplacer le moins possible le dangereux colis.

II

Il sortit le dernier du compartiment pour éviter tout choc à la malencontreuse valise. Quand l'employé de l'octroi lui demanda ce qu'elle contenait, il perdit la tête et déclara un lièvre. Sa malle étant fermée, on lui dressa procès-verbal. Mais quelle chance ! On allait consigner la maudite malle et il en serait enfin débarrassé. Mais non ! Très bon homme, le gabelou lui dit: « Maintenant que vous le paierez son prix, emportez-le. » Il n'osa pas refuser, au nom de la loi violée. Monter en fiacre, une fois hors de la gare? Ah ! non ! On est secoué dans les fiacres de Paris ! D'ailleurs il avait son plan. Il poserait tout simplement l'objet dans un coin et se sauverait. Mais aujourd'hui le trottoir est surveillé. Il se trouva toujours, à distance, un sergent de ville qui le pouvait apercevoir. Il suivit ainsi les quais, sans réussir à mettre son projet à exécution. Il n'était cependant que six heures du matin. Mais quand un sergent de ville tournait le dos, un concierge était toujours sur sa porte. Il fallait cependant en finir. Il était fixé à cette heure. Si l'engin eût été à mèche, il y a longtemps déjà qu'il aurait fait explosion. Il avait de la veine. La bombe qu'il possédait était à renversement. C'est toujours un perfectionnement.

Un second trait de génie illumina ses méninges, comme un éclair. Sur le quai Voltaire, il guigna une maison qui lui inspira confiance. Une bonne très avenante, ma foi, était en train d'ouvrir les volets du rez-de-chaussée. Très gracieusement Osiris, avec quelque volubilité cependant dans le débit, lui dit :

— Ma belle enfant, voilà un paquet très pressé qu'on m'a donné pour M. Loti.

Il supposait qu'un académicien fraîchement nommé se loge toujours à proximité de l'Institut, pour se chauffer au rayonnement de sa propre gloire, ce qui est bien moins cher que le bois de hêtre dans les cheminées. Et il allait jouer des jambes, ce qui est encore plus économique qu'au baccara, quand d'une voix perçante comme un fifre, d'une voix à réveiller tout un quartier de sourds, la petite bonne lui cria :

— Monsieur ! Monsieur ! Monsieur ! Ce n'est pas ici que demeure M. Loti !

Et elle agitait désespérément la valise par la fenêtre.

Se sentant encore à portée, Osiris s'élança pour en prévenir la chute. Un sergent de ville débouchait à l'angle de la rue des Saints-Pères. Pour détourner les soupçons, Osiris fit une bouche en cœur et se confondit en excuses tout en reprenant l'objet :

— Désolé, ma mignonne ! Désolé ! Vous exprimerez tous mes regrets à M. Loti, à ce bon Loti !... Un vieux camarade !... Vous l'embrasserez pour moi.

Il espérait ainsi, en se targuant d'une fausse connaissance, se donner de l'autorité. Mais le sergent de ville prenait des notes d'abord... puis il prit le même chemin que lui sur ses talons.

Avec tout cela, il était neuf heures et le bon marquis de Pétensac attendait, et sa future aussi sans doute, la délicieuse Isabelle allait descendre, pour lui serrer la main, dans un délicieux peignoir matinal.

Toujours à la main la valise qu'il tenait le plus loin possible de ses cuisses, il sonna.

— Sur mon cœur, mon gendre ! s'écria le marquis dont le cabinet de travail était tout près de la porte.

Et lui-même voulut prendre le colis à Osiris qui s'écria :

— N'y touchez pas ! n'y touchez pas !

Le sergent de ville n'avait pas laissé l'huis se refermer. Sans le voir, Osiris balbutia :

— N'y touchez pas !... Poudre verte !... Dynamite...

— Ah ! vous en convenez, misérable ! fit une voix rude. Et, de son rude poignet, l'agent saisit Osiris par le fond de la culotte, en empoignant, de l'autre main, l'objet prohibé. La poignée de cuir de la valise céda et celle-ci roula à terre. Un cri d'angoisse terrible s'échappa de toutes les poitrines. En tombant, le colis s'était éventré. C'était bien une matière explosible qu'il contenait. Plusieurs litres de haricots de Pamiers, spéciaux pour cassoulet et préférables même à ceux de Montastruc, couraient à terre, comme si un lot de chapelets se fût égrené.

— Vous êtes un mauvais plaisant et je vous arrête pour vous être moqué de l'autorité ! s'écria le sergent de ville.

Mais la charmante Isabelle, survenue à point, dans une délicieuse toilette aurorale, riait à si belles dents que l'agent, galant de son naturel, comme tout ancien militaire français, se radoucit.

— Poudre verte pour enfants ! dynamite de famille ! grommelait-il, en riant aussi dans le coin de sa moustache.

Le marquis, seul, qui est colossalement bête, n'a pas encore compris. Mais il donne toujours sa fille à Osiris, et je t'invite, Marcel, à sa noce, le mois prochain.

FIN

TABLE DES MATIÈRES

Mirouflet	1
Feux follets	11
Entrée triomphale	21
Le baromètre	31
Miousic	43
Le Lapon	53
Extrait de mes mémoires	63
La leçon	75
Conte de mi-carême	85
La donna è mobile	95
Premier péché	105
Le cerf-volant	115
Miss	125
Le singe	137
Verba volant	147
Pistache	157
Excuses tardives	167
Faits divers	179
Alerte	189

TABLE DES MATIÈRES

La veillée	201
Probité	211
La guipure	223
En route	233
Comptabilité occulte	245
Dans cent ans	255
Le coucou	267
L'étang	279
Dodolphe-Philémon	289
Coup de vent	299
La valise	309

ÉMILE COLIN — IMPRIMERIE DE LAGNY

www.ingramcontent.com/pod-product-compliance
Lightning Source LLC
Chambersburg PA
CBHW060419170426
43199CB00013B/2211